作文好好玩
讀寫結合 基礎

作者◎管家琪・房科劍　繪圖◎吳嘉鴻

〔給大朋友的話1〕

讀寫結合，作文起飛

◎管家琪

「如何有效的指導孩子們作文？」是華文世界所有中文語文教師都倍感頭疼的難題；「我的孩子課外書看得也不少，怎麼好像就是沒有辦法提筆作文？」是很多父母共同的困惑；「到底該如何掌握作文基本的方法與技巧？」更是絕大多數的孩子們都很關心的問題。這套《作文好好玩——讀寫結合》系列，是以孩子們為主要閱讀對象，讓孩子們可以獨立閱讀，同時也提供給老師和家長很大的參考。

這套系列，我們以一套完整的作文方法作為基礎，根據不同年齡層的孩子，由

淺入深，讓孩子們都能掌握。在「讀」的方面，我們挑選一些適合不同年齡階段的孩子們適讀的文章，然後從該篇文章出發，設計相應的語文活動，並示範如何做細緻且獨到的帶領，引導孩子們能夠非常自然的從「讀」慢慢進入到「寫」，從而提升孩子們「寫」的能力。

以往我已經為小朋友編寫過一些跟作文有關的書，回響都很好。雖然作文的基本道理都差不多，但是到底該怎麼說，怎麼說才有效、才能讓小朋友吸收，還是需要煞費苦心。在這一方面，我有一個原則，就是絕不炒自己的冷飯，我希望每一套書都能自成一格，也都能有一番新意。之前我都是單兵作業，獨力完成，這套《作文好好玩——讀寫結合》系列，我有一個新的嘗試，就是邀請我的好朋友房科劍老師聯手合作，一起精心打造。房老師是大陸一位資深且優秀的第一線語文教師，對於不同年齡層孩子的特質以及領會能力有相當精準的掌握。書中所有趣味語文活動，都由房老師設計和帶領，遊戲性和可操作性很高，不但孩子在自己閱讀的時候，會讀得津津有味，同時也等於提供一些具體的教案給老師和家長。

我們從關注絕大多數孩子的角度來選擇所有的內容，包括「讀」的部分、趣味語文活動以及習作案例等等，讓不同程度的孩子都能從書中找到知音，不再對作文望而生畏，更要讓絕大多數的親師和孩子們都能感到平易近人，一方面讓有心指導小朋友作文的大人，覺得這套叢書容易使用且利於學習，明白原來指導孩子們作文也可以變得這麼有趣；另一方面更要讓孩子們體會，原來閱讀和寫作就像呼吸一樣，是那麼的自然，從而有效的提高小朋友對於讀寫的興趣。

這套《作文好好玩——讀寫結合》系列一共分成基礎、中級和高級三本，三本可以各自獨立，但又一脈相承，有一個整體的系統。

基礎篇和中級篇我們都安排了十課，高級篇安排了十二課，每一課除了一篇孩子們適讀的文章以外，還設計了以下幾個單元：

開心閱讀

針對文章的導讀，可以從中學到哪些對作文有幫助的觀念和技巧。

房老師的趣味語文活動

房老師帶著幾個小朋友共同完成，讓小朋友從遊戲中掌握作文的技巧。

快樂習作

挑選幾篇小朋友的作品，讓小讀者們觀摩。

管阿姨點評

管阿姨針對幾個小朋友的習作，做點評和提醒。

現在，就請大家大手牽小手，一起進入我們的讀寫世界吧！

〔給大朋友的話2〕

作文是生活的一部分

◎房科劍

就像說話是交流的工具，作文也是交流的工具。有說話的場合，就有作文的場合，有說話的機會，就有作文的機會。小學生學作文，不是為了當作家，也不是為了應付考試。我在兒童教育中，一直是把作文定位成一種交流的工具。以這樣的理念來指導孩子們作文，發現經常會有意想不到的驚喜，不僅孩子們特別喜歡寫作文，也有很多報刊雜誌喜歡我學生寫的文章。

一般人與人之間的交流，往往是靠嘴巴說話達到目的。聾啞人士就得靠手勢交換意見。那麼，不愛說話又不習慣用手勢交流的人，一旦有求於人的時候，該怎麼辦？再說有時候我們需要與更多的人交流，光靠自己的一張嘴去說，根本行不通，不僅很浪費時間，精力上也應付不過來，這個時候，有沒有好的辦法？或者，有的時候腦袋裡突然有個特別好的想法，但身邊一時找不到人可以交流，該如何讓自己的想法趕快保存？仔細想想，每個人都可能碰到這樣的時刻，包括我們的小朋友。這時候會發現，會寫作文是多麼重要，能夠解決很多這樣的難題。

我常常在作文教學中，設計很多需要用到文字的活動，讓孩子覺得自己不是在作文，而是出於交流的需要，因此會主動想要寫點文字。在這種狀態下寫文章，是毫無負擔的，每個孩子都願意積極動腦，快樂的寫作。而在這樣的寫作過程，孩子自然會慢慢明白想要寫什麼，以及該怎麼寫，才能夠更準確的表達自己的意思。

比如自我介紹，面對不同年級的小朋友會有不同的安排。新生見面，讓孩子們先寫好底稿，讓同學們彼此認識，孩子們自然會展示自己傑出的一面；在競選班級或某些職位時，也可以讓孩子寫好演講稿，爭取支持，他們就能夠根據自己的特長以及職位的需要，選擇材料來寫；在全校舉辦「徵友博覽會」，讓孩子跨班跨年級來徵集好朋友，孩子們會展示自己的愛好和個性，而選擇適合興趣相投的朋友；在畢業班裡，大家寫寫自己的理想，用信封保存在老師的書櫃裡，十年後再相聚老師這兒取信，看看當時的理想是否實現……在這樣的活動中，孩子們往往在動筆前，很自然的就會想，這篇文章是為誰寫的，我該告訴他什麼，該如何告訴他，才能夠達到目的？

和管老師合作的這套書裡，都是我經常和孩子們一起玩的趣味語文遊戲。這套書在動筆前，就已經定下「寓教於樂」、「讀寫結合」這兩個宗旨，並且經過非常周密的討論和設計，使每一個活動，都能在非常自然的情況下和語文教育連結。後來在帶活動以及寫作的過程，也愈來愈感覺生活中有太多太多的事情，都具有作文練習的用途。

只要我們再細心一些，用心閱讀，多留心觀察生活，我們的大朋友和小朋友一定會發現，作文就在我們生活的每一個角落。

〔給小朋友的話〕

從遊戲中學習寫作

◎管家琪・房科劍

親愛的小朋友，你好嗎？

這本書也許是爸爸媽媽買給你的，不過，沒有關係，看了之後相信你一定會覺得很有趣。

爸爸媽媽買這本書給你，多半是希望能夠對你的作文有幫助。不過，我們希望你現在暫時

先把「作文」這件事放到一邊，更不要去想什麼「考試要考作文」這種殺風景的事，請你放鬆心情，用一種輕輕鬆鬆的態度來看這本書。

最好能按照順序，從第一課開始慢慢看到第十課。這就好像你上餐廳吃西餐，一定是先上湯和沙拉，再上主菜，最後才上甜點和飲料。人家會安排這樣的順序一定是有道理的。如果你一上來就想先吃甜點，當然也可以，只是這麼一來也許你就比較無法再去品嘗前面的沙拉和小麵包了。如果這本書你能夠按照順序，從頭慢慢的看下來，相信你的吸收會更好。

希望你能夠從閱讀每一課的文章中，自然培養出對文學的喜好，從**「開心閱讀」**中得到一些語文知識，再從**「房老師的趣味語文活動」**中，

掌握一些作文的實用技巧，並且從「**快樂習作**」中，看看和你年齡相近的小朋友所寫的作品，相信一定很能刺激你的靈感，最後再看看管阿姨怎麼來欣賞這些作品，管阿姨對這幾個小朋友作文的提醒，相信對你同樣可以適用。

在這本書裡，我們所設計的每一個單元，都是與你的閱讀和寫作有關。我們尤其盼望在「**房老師的趣味語文活動**」中，大家不妨放鬆心情，想像一下你也坐在房老師的教室裡，就跟在這個單元中出現的幾個小朋友坐在一起，然後一起上課、一起做遊戲，你一定會很驚訝的發現，原來作文課可以這麼好玩！

閱讀和寫作，絕不是為了應付考試，是為了追求更好、更豐富的精神生活。作文更不只是為了能夠在考試中過關斬將，因為所謂的「作文」，就是用文字把你所看到的以及所想到的寫下來而已，這是我們每一個人都很需要、也都應該具備的一種基本能力。你們現在還小，等你們慢慢長大，將來不管你們是在社會哪一個工作崗位上奉獻你的心力，如果你有閱讀和寫作的習慣，特別是如果你有很好的作文能力，你的生活一定會比較充實，做任何事也一定都會比較出色。

最後，祝你健康快樂！

你永遠的大朋友　管家琪・房科劍

寫在前面

作文能力是需要慢慢培養的，不可能一蹴可幾，對於不同年齡段的孩子，我們要有不同的設計和期望。對於低年級的小朋友來說，只要能把一段話（一件小事）說清楚就很好了，重要的是，一些關於如何作文以及如何提升作文能力的基本觀念必須在這個時候就要教給孩子們，為孩子們打下良好的基礎，也樹立一個正確的方向，這樣隨著孩子慢慢長大，自然會逐漸進步。

在這本基礎篇的讀本中，我們重點有以下五個：

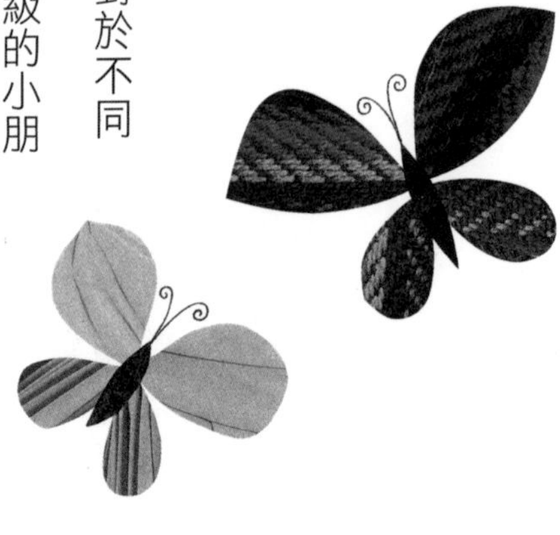

・詞彙的累積。（掌握文字工具）

・訓練觀察力。（好文章都需要細節，觀察是作文的起步）

・豐富說話素材。（作文就是「有話要說」）

・蒐集材料。（如何豐富文章的內容）

・有力破題，條理分明。（思路的整理）

每一個重點我們都安排兩課。

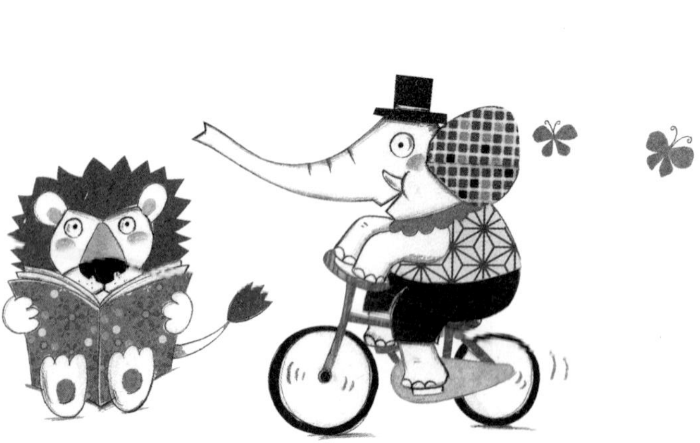

目
錄

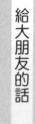

第一課 從認字出發

累積我們的「小磚塊」

小寶寶一般都是一歲多開口說話，但是要能開始認字一般至少是要等到兩、三歲，而要能寫字則一般至少是要到四、五歲；很多教育專家都說，太早讓孩子們學習寫字其實不一定是好事，因為在孩子的小手肌肉還沒有發育健全的時候如果就急著讓他們握筆，對孩子們來說很可能是一種危害。

當我們在心裡有了一個想法，要把它說出來是很容易的，但是如果你要把它寫下來，就至少要先能掌握（意思就是說你要先會）一些字、以及一些詞。

比方說，如果你想說：「我今天很高興！」

這句話用說的很容易，如果要寫下來，你就一定要先會寫「我」、「很」這兩個字，以及「今天」和「高興」這兩個詞。

如果你寫成「我今天狠糕姓！」別人就需要用猜的才能知道你的意思。

我有一個朋友，天生全盲，但是她可以發簡訊，只是每次收到她的簡訊時，我必須用念的（不管是在心裡默念或是真的念出聲音）才能知道她的意思，否則，如果只是一眼看過去，我沒辦法立刻就知道她想要跟我說什麼，為什麼呢？就是因為她是盲人，在打簡訊的時候沒辦法挑出正確的字，只能隨便亂選，而中文又有很多的同音字，這樣打出來的簡訊自然就是錯字連篇。可是我覺得她已經很棒了！因為她並不會因為自己看不見就自我設限、放棄去做什麼（譬如發簡訊），她還是想出了自己的辦法。

不過，我們在寫一段文字，甚至於寫一篇作文的時候，當然一定要避免錯字。

很多外國人都覺得學習中文很困難，因為每一個中文字都有一

追尋。
日常。
關鍵字。
愛
閱讀。
家。
主題推薦。
追尋。
文學
irksome obligations.
e equal than others
exhilarated us.

個單獨的意思，而把兩個字或三個字、四個字組合起來又變成不同的意思。

比方說，如果只是「高」這個字，是「低的反面」、「指程度較深或等級在上的」、「聲音大」等等很多意思，如果只是「興」，是「發動」、「旺盛」、「流行」等等意思，但是這兩個字在單獨用的時候都沒有「高興」這個意思（「興」雖然有「興奮」和「趣味」的意思，不過和「高興」的意思還是不大一樣），想要表達「高興」這個意思，就一定要把「高」這個字和「興」這個字連在一起不可。

可以這麼說，不管是學習哪一種語言，學習怎麼說都是比較容易的，至於要學習怎麼寫就有一定的難度，因為想要把一種想法寫出來，你就必須先要能夠掌握一些字，以及一些詞。很多外國人在剛開始學中文的時候，經常會把「你好嗎」說成是「嗎你好」，也就是因為還不清楚「你好」這個詞是不應該放在「嗎」這個字後面的緣故。

就好像蓋房子需要最基本的磚塊，而且如果磚塊愈多，你能蓋的房子就能愈高愈大一樣，小朋友在剛剛開始學習中文的時候，一定要用心先累積足夠的「磚塊」。

開心閱讀

這一課的重點是強調累積單字以及詞彙的重要。

學習任何語文，道理都是相通的。大家都知道想要學好英文，一定要會很多的單字，其實想要學好中文，包括希望能夠有不錯的作文能力以及閱讀理解能力，何嘗不是如此？

中文常常被形容成「方塊字」，在很多外國人的眼中，中文很難學的原因之一是中文很圖案化，好像每一個字都是獨立的，沒有什麼字根和字首可循，必須一個字一個字的去辨認和學習。對孩子們（特別是低年級的孩子們）來說，也很容易就會覺得怎麼那麼多的中文都長得那麼像。我們不妨藉由一些趣味的語文活動，引導孩子們觀察中文的「形狀」，以此來激發孩子們對於認字的興趣。

房老師的趣味語文活動

一筆一筆猜

房老師說：「小朋友好，今天老師和大家一起來玩一個遊戲，叫作『一筆一筆猜』。我先在腦海裡想好一個字，再給大家一個提示，然後一筆一筆的寫，大家就在下面猜，看誰猜得最快。我們可以輪流做擂台主，看誰設計的字最難猜。」

房老師先做一個示範「我要寫一個字。我的提示是，這個字非常值錢。」

房老師在黑板上寫了一橫。

黃天宇說：「我猜是『天』字。天非常值錢。」

房老師接著又在下面寫了一橫。

黃靖恒：「我猜是『豐收』的『豐』字。不管是什麼東西豐收了，就很值錢啊。」

（注：「豐」的簡體字是「丰」，所以小朋友會有這樣的聯想。）

房老師接著寫了一豎，成了一個「干」字。

大家歡呼：「『王』！一定是『王』！國王最有錢了。」

房老師果真寫出一個「王」字。

房老師說：「可是我還沒寫完呢？我還要寫一筆。大家猜得出來嗎？」

何瑰琦說：「『玉』！」

房老師在「王」字上面加了一點，變成了「主」字。

可是，何瑰琦不同意。

何瑰琦說：「不對，『主』字應該先寫最上面的一點，只有『玉』字才是最後寫那一點。」

房老師誇獎何瑰琦說：「何瑰琦真會觀察，這一輪的『猜字大王』就是她了。其實，老師的確是想寫這個『玉』字。寶玉，玉石，多麼值錢的寶貝啊。」

接著，大家都舉手搶著上台想要當擂台主。

黃天宇上台。他提示大家：「我要寫的這個字是我最喜歡的字，也是對我來說最有感情的字。」

天宇開始一筆一筆的寫，小朋友一步一步的猜。原來天宇是想寫一個「王」字。

黃天宇說：「因為我媽媽姓王，我當然覺得媽媽最有感情了。」

the news
both of us.

接著，是何瑰琦。她提示說：「這是一個聰明的字。」結果何瑰琦要寫的是一個「壯」字，可是大家都不理解，為什麼「壯」會是「一個聰明的字」呢？

何瑰琦說：「我爸爸名叫何壯志，他可聰明了。看到壯字，我就想到爸爸，想到爸爸，我就想到『聰明』了。」

（不過，這樣的提示實在是有一點「賴皮」，因為太「個人化」啦，就是說只有瑰琦小朋友自己一個人知道，別人沒辦法猜。）

最好玩的是鄒思宇寫的「送」字。她說是一個跟人有關的動

詞。

鄒思宇寫到第四筆了，大家還在猜是一個「美」字，或是「羊」，或是「半」。

寫第五筆時，大家都不約而同說是「關」字。（注：因為簡體字的「關」是這麼寫的——「关」。）

沒想到最後鄒思宇寫的是一個「送」字，大家都非常驚訝。誰都沒有想到鄒思宇寫著寫著突然筆順就變了，寫了右邊之後居然接著是往左邊加筆畫。

快樂習作

先想好一個字，或是和朋友玩「一筆一筆猜」，再根據這個字（或每一個字）好好的想一想，然後把你想到的寫下來。

花朵

◎黃靖恒

（靖恒想到的是「花」這個字。）

星期天的上午，奶奶買了一盆花回來了。奶奶把花放在陽台上，花朵散發出了芳香。許多蜜蜂在上面採蜜。奶奶每天都幫花澆水，修枝。我們都說花好美。奶奶開心的笑了。

我最喜歡卡通片 ◎黃天宇

（天宇給朋友猜的是卡通片裡的字，有「羊」、「士」、「迦」和「七」。）

羊：羊羊的快樂一天——羊羊過年的故事真的很快樂，我天天都看。

士：金碼戰士——他們的人很厲害，還有金碼獸更厲害。

迦：迪迦奧特曼——他很高很強壯又厲害，我喜歡做那個舉手的動作。

七：七色鑽機——七色鑽機的威力無窮。

我愛我的家人 ◎黃曄群

（曄群給朋友猜的是「奶」、「爸」、「喜」這三個字。）

奶：（奶奶）——我的奶奶很勤快。

爸：（爸爸）——爸爸的工作很辛苦，每天都在外面忙著。

喜：（喜歡）——我喜歡媽媽，我想送點禮物給媽媽。

我的表妹

◎歐陽涵雅

（涵雅給朋友猜的是「妹」這個字，從「妹」這個字，她想到「妹妹」、「表妹」。）

我的表妹非常活潑、可愛。我和她在一起玩。後來舅舅和舅媽把她帶到另一個地方去讀書了，我非常希望她能早點回來。

管阿姨點評

低年級的小朋友如果能夠好好的造詞和造句，就已經很不錯了，這幾個小朋友在造詞、造句方面都表現得不錯，而靖恒小朋友的〈花朵〉和涵雅小朋友的〈我的表妹〉，更是已經初具一篇作文的雛形，等到再過兩三年，小朋友能夠掌握的字和詞更多，敘述能力也更強的時候，再以這樣的雛形、以及同樣的主題來發揮，就可以寫成一篇不錯的作文了。

第二課 繞口令五則

房子裡有箱子

房子裡有箱子，
箱子裡有匣子，
匣子裡有盒子，
盒子裡有鐲子。

鐲子外有盒子，
盒子外有匣子，
匣子外有箱子，
箱子外有房子。

黑雞下白蛋

黑雞下白蛋，
白雞下黑蛋。
黑雞下白蛋蛋白雞黑，
白雞下黑蛋蛋黑雞白。

青蟲青草分不清

草叢青，青草叢，
青草叢裡草青蟲。
青蟲鑽進青草叢，
青蟲青草分不清。

鵝和蛇

河中一隻鵝，
叢中一條蛇。
鵝見了蛇伸脖，
蛇盯著鵝吐舌。

最後到底是鵝嚇走了蛇，
還是蛇嚇跑了鵝？

老劉買油

老劉去買油，
碰上兩頭牛。
老劉怕撞牛，
連忙調轉頭，
轉頭灑了油，
油瓶只剩半瓶油。

開心閱讀

這一課的重點仍是累積詞彙的重要。

讓孩子們一個字一個字的認、一個詞彙一個詞彙的學，是很枯燥的，如果我們能夠盡量用遊戲的方式，來激發孩子們學習的興趣，才會有明顯的效果。

繞口令，就是一種遊戲性很高的文學，不但可以讓孩子們在遊戲當中自然而然的累積詞彙，譬如從〈房子裡有箱子〉可以學到「房子」、「箱子」、「匣子」、「盒子」、「鐲子」等詞彙，從〈青蟲青草分不清〉可以學到「青蟲」、「青草」、「鑽進」、

「分不清」等詞彙，同時，反覆念著繞口令還可讓孩子們自然而然的感受到一種節奏感，讓孩子們體驗到文字中所蘊藏的音樂性，以及一種獨特的美感。

南宋的大學問家朱熹說，「讀書有三到，心到、眼到、口到」，其實這也就是學習語文的方法，要用心體會和思考、要看仔細、還要大聲讀。「心到」和「眼到」的重要性，一般都比較容易注意，但是對於「口到」則比較沒那麼重視，然而實際上語文想要學得好，「口到」也是很重要的。

此外，如果還能加進一點競賽性質，讓小朋友比賽說繞口令，也很能增加學習的樂趣，並且激發小朋友學習的熱情。

當然，這種帶有遊戲和競賽性質的語文活動還有很多，「詞語接龍」就是其中非常普遍、效果也非常好的一種。

房老師的趣味語文活動

詞語接龍

房老師說：「過春節的時候，小朋友應該在大街上看到過幾個或十幾個大人玩長長的龍吧。有的小朋友可能在電視裡看過那飛舞的黃龍，一節接著一節，好有趣的。現在和同學們也來玩一玩接龍。不過我們的每一節龍都是用詞語做的哦，大家想玩嗎？」

小朋友都熱烈響應。

房老師介紹詞語接龍的規則。「我們這個詞語接龍，先由一個人出一個詞語做『龍頭』，後面的同學就可以一個接一個的說出自己的那一節詞語，但不是隨便想個詞語就行的，你要用前面那個詞語的後面一個字，來作為你的詞語的第一個字；比方我說『讀書』，你們要說哪一個詞？」

黃濤說：「書包。」

房老師說：「對！」

黃天宇說：「書本。」

黃靖恒說：「書寫。」

方興說：「看書。」

房老師問大家：「『看書』可以嗎？」

何瑰琦說：「不可以，『書』字要放在前面才對。」

房老師點點頭：「沒錯。好，大家都清楚遊戲規則了，我們現在就開始。今天老師想和大家先玩一條大龍，老師做這個『龍頭』，大家一個一個的來接龍，兩個字或三個字的詞語都可以，但是最好不要接成語或是俗語、歇後語。我還有一個小小的要求，輪到你的時候，在你考慮要用哪一個詞語來接的時候，請你一定要用自己最喜歡的一個詞語來接，好不好？這個『最喜歡的一個詞語』，也許是一個東西，也許是一件你喜歡做的事，總之，可以往下接的詞語很多，老師希望大家在接的時候不要只求『過關』，而是還要能夠多想一想，好嗎？」

於是，房老師在黑板上寫下「乒乓球」三個字，說：「老師小時候最喜歡打乒乓球了，那時候是用門板當作球檯來打呢。」

王芙玉上台寫了「球拍」，說：「我喜歡紅色的球拍。」

歐涵雅接著寫下「拍掌」二字，說：「我們上課的時候，同學們都會為那些回答問題積極的同學拍掌，誇他們真棒。」

方仁傑寫了「掌聲」，說：「有一次，我在客人面前唱了一首歌，房裡一下子就響起了掌聲。客人們都鼓掌誇我膽子大呢。」

王芙玉又搶著寫下「聲音」，說：「我喜歡聽鳥叫的聲音。」

這時有兩個同學舉手了。黃天宇說他非常喜歡「音樂」，而黃靖恒說他最愛弄家裡的「音箱」，他會調出最好的音效。大家一致認為黃靖恒接的「音效」這個詞語很特別，就選用了「音效」這個詞。

黃靖恒接下來寫上「效果」，說：「爸爸在調試音響，老半天沒有一點效果呢。」

現在，用「果」字來往下接，舉手的同學可多了。

王芙玉說：「『果子』，我想大家都喜歡吃果子吧。」

劉洋說：「我喜歡『果樹』。秋天來了，果樹上結滿了果子。」

黃天宇說：「『果汁』。我最愛吃甜甜的果汁。」

方娜在一旁說：「我喜歡吃酸酸的果汁。」

黃靖恒說：「用我的『果園』吧。沒有我的果園，就沒有果樹；沒有果樹，哪有果子；沒有果子，哪有果汁？」

何瑰琦接著黃靖恒的「果園」，說：「『園長』。我最喜歡我讀幼稚園的時候那個天天笑咪咪的園長了。」

最後，房老師總結：「好長好長的一條龍啊，如果沒有大家平時的積累，我們可完成不了這麼長、同時又有這麼多可愛詞語的一條龍。希望大家以後可以幾個人經常在一起玩詞語接龍。你們還可以分成兩組，用同一個『龍頭』開始，然後兩組各自接下去，看哪一組的龍最長，裡面『龍身』的詞語又最有意思。」

快樂習作

不妨用同一個詞語讓小朋友各自往下接。或者針對詞彙量大的孩子，可以加深一點難度，定下一個主題，讓小朋友來接，比方說，所接的詞語都必須是地名，變成「地名龍」，或者都是零食，變成「零食龍」，或者都是水果，變成「水果龍」等等，看誰接的「龍身」最長，誰就是「接龍王」。

「星期天」的龍 ◎何瑰琦

星期天——天空——空氣——氣體——體育——育人——人家——家

長——長大——大學——學習——習慣——慣性——性格——格子

「星期天」的龍 ◎方娜

星期天——天上——上樹——樹枝——枝頭——頭腦——腦袋——袋

鼠——鼠目寸光——光明——明白——白雪——雪花——花朵

玩具龍 ◎黃天宇

賽車——車燈——燈籠——籠子——子彈——彈弓——弓箭

我家裡有很多玩具。我最喜歡的是那台賽車，是媽媽買的。車燈是黃顏色的。我屋裡還有一個紅燈籠。還有一個裝鳥的籠子。我有一把玩具槍，有白色的子彈。我沒有彈弓，但是我有一把弓箭。

長龍 ◎黃靖恒

公司——司機——機場——場面——麵包——包子——子女——女

孩——孩兒——兒童——童年——年糕——糕點——點心——心血——血

壓——壓住——住處——處理——理由

管阿姨點評

小朋友在玩詞語接龍的時候，其實也可以看得出來每個人不同的思路，比方說天宇小朋友不但接了一個「玩具龍」，同時還用敘述的方式把這條「玩具龍」解說一遍，這樣做真的是一個很好的訓練。

第三課 童謠兩首

星

滿天星，
亮晶晶，
好像青石板
上釘銅釘。

數蝦蟆

一隻蝦蟆一張嘴，
兩隻眼睛四條腿，
噗通一聲跳下水。
兩隻蝦蟆兩張嘴，
四隻眼睛八條腿，
噗通噗通跳下水。

開心閱讀

這一課的重點是在訓練孩子們的觀察力。

觀察力的好壞，當然是有先天的不同，有的人天生觀察力就是比較敏銳，有的人則是天生可能就比較遲鈍，但是，不管怎麼說，這種能力還是可以訓練的。

只要孩子們能夠擁有不錯的觀察力，首先他在下筆作文的時候，就不至於陷入無話可說的困境，其次，他的作文一定會比較有滋有味。

就比方說這兩首可愛的童謠，其實也是基於一種觀察；〈星〉

是對於大自然的觀察，〈數蝦蟆〉則是對於動物的觀察。

想要指導孩子們如何作文，首先就應該教會孩子們如何觀察。觀察也是有技巧的，簡單來說，就是要學會不僅僅只是用眼睛來「看」。

房老師的趣味語文活動

會觀察的盲人

房老師說：「小朋友好，你們知道人是依靠什麼器官來觀察和認識這個世界嗎？」

大家異口同聲的說：「是眼睛！我們用眼睛來觀察這個世界。」

房老師搖搖頭說：「這麼說並不準確。要是一個盲人呢？他用什麼來觀察這個世界呢？今天我們要來做一個遊戲，就叫作『會觀察的盲人』。我會用一塊布蒙上你的眼睛，然後給你一個東西，讓你用耳朵啊鼻子啊手啊等來觀察，看你能不能不用眼睛而把這個東西給認出來。」

同學們的興致可濃了。

房老師先準備了一些比較常見的東西，放在一個隱祕的地方。學生按照順序上去做「會觀察的盲人」。

第一個上去的是何瑰琦，她蒙上了眼睛。房老師拿給她一個袋子，她一邊用手觸摸，一邊還湊在耳邊聽聽，然後說：「這是一個袋子，我摸到了它有個口子，好像是一個裝衣服的袋子。我聽到那嚓嚓的聲音，以及摸上去柔軟的感覺，這是一個尼龍袋子。」她還用鼻子聞了一下，大叫：「這個袋子很舊了，我聞到了一股臭味。」台下的同學哈哈大笑。拆下布條，全班都為她鼓掌，因為房老師拿的是她用來裝書的袋子。

第二個上台的是方娜，她也被蒙上了眼睛。房老師給她的是一瓶泡泡水。她抓起瓶子就往鼻子下湊：「哇，好香啊！是什麼呀？能不能喝呢？」她剛要伸出舌頭去試一試，台下發出了驚叫聲。她馬上停住了，皺皺眉頭，放到耳邊搖了搖，「撲撲撲，有點像水的聲音，可又不是很像。」她顯得有些緊張，慢慢把手伸到泡泡水裡，結果似乎是那黏黏的感覺觸動了她。

「是泡泡水。」方娜很高興的摸摸那小小的塑膠瓶子，堅定地說。

房老師小結：「即使不用眼睛，我們還有耳朵、鼻子，和一雙好像長了眼睛的手，都可以幫助我們觀察呢。」

接下來，房老師要求同桌之間互相做一做「會觀察的盲人」，讓每一個同學都有機會用眼睛以外的其他感官來觀察事物。然後推薦一個高手上台做一次比較難的測試。

劉洋最終被選出來。她被蒙上眼睛後，房老師在講台上放了五個差不多大小的東西，分別是蘋果、梨子、桃子、雞蛋和鵝卵石。劉洋還沒有開始「觀察」，台下的同學便笑起來了。

劉洋用手摸摸台上的東西，一定被那些圓圓的形狀所迷惑了。「都是些什麼呢？」她自言自語。她抓起了一個「蘋果」，捏了捏，聞了聞，說：「這是一個蘋果吧，那種清香的味道。我可以試一試嗎？」她咬了一口，「甜，是蘋果了。」她接著摸到了梨

子，聞一聞，摸一摸，「尖尖的，也很香。這是梨子了，摸上去皮有點粗粗的。」她摸到了雞蛋，剛用力一按，雞蛋破了，蛋清蛋黃弄得滿手都是。她嚇得尖叫，「這是什麼水果啊？好黏手啊。」房老師幫她擦乾手，叫她摸摸那蛋殼，「是蛋吧。不知道是雞蛋還是鴨蛋。」她又摸到了鵝卵石，這一回，她輕輕的摸，又聞了聞，說：「沒有味道啊，好重好重的。」她又捏了捏，「好涼快的，是健身球吧。」最後她摸到了桃子，依舊聞了聞，摸了摸，她說：「有點像梨子。我可以試一試嗎？」她得到答覆後，吃了一口，馬上說：「桃子。」

大家為劉洋出色的表演鼓掌。雖然鵝卵石說成了健身球，但也有的健身球是石頭做的，所以也不算錯。

房老師說：「如果我們能經常用手啊鼻子啊耳朵啊去認識事物，我們就會比別人要多好幾雙眼睛了。小朋友們，多多在日常生活中這樣去做遊戲吧，你的觀察會變得比較敏銳的。」

快樂習作

讓小朋友先選定一個主題，然後試著同時用眼睛、鼻子、耳朵、手一起來觀察，並且寫下來；也就是說，讓小朋友在無形中學習從不同的角度來觀察和描寫一個東西，或是一件事。

魚 ◎黃天宇

我外公家裡有魚。魚兒在水缸裡游來游去。我閉上眼睛，去摸那魚兒，我才剛剛摸到魚兒的背，魚很滑，只聽到「撲通」一聲，牠從我手下跳起來，弄起很多水花。我睜開眼睛，忙著擦臉上的水。這真是一條調皮的魚。

猜東西 ◎劉洋

下課了，我和同學一起猜東西。

方鑫閉上眼睛，她摸的是一張紙。她貼著鼻子聞了一聞，想了一會兒，她說：「這是糖紙。裡面的糖沒了，但還留下了甜甜的香味，是草莓味

的。」她猜對了，真厲害。

李陽晨摸著一張光碟片，她不慌不忙的說：「圓圓的，中間還有一個小洞。兩面滑滑的，是一張光碟。」她也答對了。

大家猜東西都很厲害。

樹

◎黃曄群

我家門口有一棵樹。

我喜歡摸樹的葉子，軟軟的，很嫩。樹幹很粗。

樹上開的花很美，聞起來很香。

有時還有蝴蝶在上面飛來飛去。

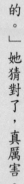

菜園 ◎黃濤

我家的菜園很美。

我看到菜園裡的好些菜開花了，有香香的味道。我聽到了蜜蜂在花叢中嗡嗡的叫聲，牠們可真忙。

許多菜葉的樣子很怪，有的像蝴蝶，有的像水滴。我還摸到有的菜葉很粗，有的菜葉上有刺。

我的爺爺常常在菜園裡忙。

I hurriedly walked near the
hicle approaching. I was th
times had to bypass check
rouching behind houses. I s
was no longer in use at the e
yelids trembled as I looked ar
en—in their thirties, I presum
with children five years of age and
e dilapidated wall, some holding
hildren's hands.
I walked t he back of the line a
ll inside my sock,
umbling things to

管阿姨點評

一篇作文，如果從頭到尾都只是採取單一的角度來敘述，讀來一定會感覺比較乏味，如果能夠包含不同的角度，感覺就會很豐富。那麼，要怎麼樣才能有比較豐富的角度呢？首先，就要練習用不同的角度、或者說方式，來觀察同一個事物。

這幾篇低年級小朋友的習作，雖然篇幅都還很短小，卻都已經能夠擁有幾個不同的角度，相當難得。

只要善於觀察，就不愁沒有素材可寫。細心觀察，真可以說是作文的起步啊。

第四課 古詩兩首

雪 ◎（唐）張打油

江上一籠統，井上黑窟窿；
黃狗身上白，白狗身上腫。

雪 ◎（清）鄭板橋

一片二片三四片，

五六七八九十片，
千片萬片無數片，
飛入蘆花總不見。

開心閱讀

這一課的重點同樣是訓練觀察力。只是上一課我們著重在告訴孩子們訓練觀察力的重要，以及善用各種感官來觀察的技巧，這一課我們則是要告訴孩子們，就算面對相同的事物，比方說公園、溜冰場，或是一次園遊會、運動會，或是一堂有趣的課程、一次特別

的戶外教學，因為每個人所觀察到的特點不同，寫出來的作文自然就不一樣。比方說這兩首同樣是描寫雪景的詩，因為作家觀察到的特點不同，效果也就不同；張打油的〈雪〉，觀察的特點是在一片白茫茫的景象，並且從黃狗、白狗外觀上的「變化」來襯托出雪勢之大，而鄭板橋的〈雪〉則是觀察下雪的動態，這些一片又一片的雪花後來都到哪裡去了呢？兩首詩對於雪的觀察和描寫都非常生動和可愛。

同時，這兩首詩也飽含童趣，很能激發孩子們閱讀的興趣。下面我們就來看看房老師是怎麼帶領小朋友來欣賞這兩首詩。

房老師先帶著孩子們朗讀這兩首描寫雪的詩。

孩子自由讀。

孩子們談一談自己從詩裡讀到的雪。

有的孩子說：「我喜歡『黃狗身上白』這一句。因為下雪天，我看到大地到處都白了。小雞身上白，小貓身上白。」

房老師說：「你看到雪，也能夠成為一個詩人了。但後面為什麼又寫狗，而且為什麼不說身上白呢？」

大家七嘴八舌討論起來。很快有小朋友說：「老師，我知道了，前面寫的是黃狗，後面寫的是白狗。」

有孩子補充：「黃狗的毛變白了。白狗本來是白色的，上面還下一層白的雪，顯得好厚，就好像腫了一樣。這是表示雪下得大。」

大家的興趣來了：「井上到處是雪，可是中間有個窟窿。我在鄉下奶奶家看到過那樣的水井，井中是沒有雪的，就成了黑窟窿了。可是我不知道『江上一籠統』的『籠統』是什麼意思？」

有孩子舉手說：「我想是不是說江上到處都是雪了，全是白色的。」

房老師解釋，「籠統」就是「模模糊糊」的意思，因為下過一場大雪之後，放眼望去只感覺白茫茫的一片，哪裡是哪裡根本分不清楚了。

房老師說：「我們從這些字詞的意思感受到這場雪可大了。那詩人又是通過哪種感覺知道雪很大呢？」

大家說：「用眼睛看到的。」

房老師用同樣的方式引導孩子學習了第二首，讓學生了解詩人是從描寫下雪時那種雪花紛紛揚揚，從天而降的情景，來突出這場雪下得很大。

房老師的趣味語文活動

我說你猜

房老師導入活動。「同樣是寫雪很大，但由於一個是觀察大雪過後，一個是觀察正在下雪的時候，所以就寫出了不一樣的詩。我們寫作文也是一樣，觀察的特點不同，或者說觀察的方法不一樣，你就會有不同的收穫。今天我們來玩一個遊戲，四個人一組，每一組商量好選一樣東西，每一個同學都來說說這個東西。你可以說這個物品從眼睛看到是怎麼樣，可以說鼻子聞到是怎麼樣，可以說耳朵聽到是怎麼樣，或者說

用手摸到是怎麼樣。然後其他組的小朋友要根據你們說的這些訊息，盡快猜出你們說的到底是一個什麼東西。所以，在出題的時候，小朋友也一定要用心觀察，這樣你們的提示才會具體，才能夠讓大家猜明白。」

小朋友分好組以後，開始各組討論。

不一會兒，第一組的四個小朋友將依序一個一個的上台，每一個小朋友都只說一個提示，直到下面的小朋友猜出來為止。

黃天宇說：「圓圓的。」

（大家都沒辦法猜，因為圓圓的東西太多了。）

王芙玉說：「黃澄澄的。」

（有小朋友說「柳丁」，是啊，柳丁是圓圓黃黃的，可是這不是第一組小朋友要的正確答案，於是，第一組中第三個小朋友繼續上台說提示。）

劉洋說：「香噴噴的。」

（有小朋友猜出來了，說「是荷包蛋！」，沒錯，這就是第一組小朋友的答案。如果到「香噴噴的」這個提示還沒有小朋友猜出來，第一組最後一個小朋友方仁傑就會上台說出最後一個提示——「味道好」。）

房老師歸納說：「我們看到荷包蛋的樣子是圓的，顏色是黃的，聞起來很香，吃起來的味道也很好，第一組小朋友給的提示，完全符合對於荷包蛋的描述，而且還是從眼睛、鼻子、舌頭等幾個不同感官不同的描述。」

接著，第二組的小朋友開始上台。

歐涵雅說：「這個東西，看上去是一個白色的球。」
有小朋友說：「就是乒乓球。」
可是不對。陳澤良說：「咬開裡面是黑色的芝麻糊。」
有小朋友說：「啊，是能夠吃的東西。」
鍾科恒說：「吃起來有的是甜的，也有的是鹹的。」
有小朋友說：「是湯丸子。」
但是這個答案還是不夠準確，於是「最後一棒」歐陽浩說：
「每年正月十五家家都會買回家吃的東西。」
大家這才都恍然大悟：「是元宵湯圓啊！」
房老師總結說：「這一組小朋友用眼睛看到了元宵湯圓是白

色，是球的樣子，用牙齒咬開，裡面還有黑色的芝麻糊，用舌頭嘗出了味道，歐陽浩同學還想到了『元宵湯圓是正月十五元宵節才吃的』這一點。大家都說得很好。」

輪到第三組的時候，房老師又換了一個方式。這一組，房老師替他們選定了「答案」。房老師故作神祕用手捏著一袋食品，放在身後，然後請第三組小朋友黃濤、陳欣、何瑰琦、方鑫等同學上台，先在房老師背後觀察他手中拿的食物，然後針對這個東西的特點，每個人再依序說一個提示。

「圓圓的、紅紅的，五片疊在一起。」

「軟軟的。」

「味道香甜，放在嘴裡很快就會融化。」

「酸的甜的味道都有。」

大家都猜出來了，異口同聲說：「是山楂片！」

房老師總結說：「不管是觀察吃的，還是用的，不管是觀察事物，還是人，我們都應該全身心投入，盡量找出它的特點。同時，我們也要不斷鍛鍊自己的各種感覺，我們的表達能力才會不斷進步。」

快樂習作

讓小朋友盡可能把一個人物或是東西看仔細（也就是仔細的觀察），或者是把一個事情看得完整，並且找出一些比較特別的地方，然後寫下來。

媽媽　◎黃天宇

早上，我睜開眼睛一看，媽媽起來了。她坐在鏡子前，正在化妝及噴香水，我都聞到了，好香好香的。她還穿著花衣服，好漂亮。

中午，媽媽說：「天宇，做作業啦。」她會坐在我旁邊教我做作業。

下午，媽媽和我打乒乓球，打得很累。放假了，媽媽還教我學騎單車。

玩氣球

◎陳澤良

星期六，我們在房老師家裡玩氣球。

一個姐姐從樓上扔下來好多氣球，有綠的，有黃的，還有紅的。大家都喜歡紅的。我們都去搶。

我搶了一個氣球。我一邊吹，一邊看著氣球變大。我還看到旁邊有個同學的氣球吹得很大了，忽然，聽到「啪」的一聲，那個氣球爆炸了。我嚇了一跳，手一鬆，我的氣球也飛了。

我沒得玩了。

下雪了 ◎黃曄群

早晨起床，我看見天空下雪了。雪白白的，紛紛揚揚的飄下來。房子變白了，樹變白了，大地都變白了。

我和弟弟踩在雪上，咯吱咯吱的響。我和弟弟打雪仗，後來還堆雪人，我們用蘿蔔做雪人的鼻子，用黑炭做雪人的眼睛，還找到一個草帽子給他戴著。

我們玩得很開心。

美麗的世界 ◎黃靖恒

我一個人出門去找一個美麗的世界。

我看到路邊開了許多蝴蝶花，還有油菜花，一些蜜蜂在採蜜，還有一些蝴蝶在跳舞。

我看到一些農民在地裡除草。我聞到了地裡大蒜的氣味和蔥的氣味，有點辣。

我繼續走著，我就聞到了花的香味，還有松果的氣味。

這些都是美麗的世界。

管阿姨點評

這幾個小朋友的作品都很生動。主要原因就是小朋友們的觀察都有特點。譬如天宇小朋友描寫早上看到媽媽梳妝打扮的這一段；澤良小朋友描寫氣球爆掉的這一段；曄群小朋友寫「我和弟弟踩在雪上，咯吱咯吱的響」，用文字製造了音效；靖恒小朋友更是在文章的一開頭，第一句話「我一個人出門去找一個美麗的世界」，就確定了觀察的特色，同時也是文章的特色，非常精采，也非常有詩意。

第五課 三人成虎

東周後期，魏國和趙國聯盟，為了保障兩國之間所簽訂的盟約能夠順利的實施，魏太子按慣例將到趙國去做人質，魏國大臣龐葱將隨行陪同。

得知派令，龐葱感到非常憂慮，擔心自己去了趙國以後，如果有人在魏王面前說自己的壞話，勢必會影響魏王對自己的信任。在臨行之際，龐葱很想把自己的這種憂慮向魏王提出來，並且委婉的提醒一下魏王，當自己遠在趙國的時候，如果有人說他的壞話，請魏王千萬不要聽信。

可是，魏王畢竟是一國之君，這些話龐葱又不能直說，於是他就先問魏王：「大王，如果有人對您說在市集裡看到一隻老虎，您會相信嗎？」

魏王說：「我當然不信，市集裡怎麼可能會有老虎？」

龐葱說：「如果過沒多久，又有人來跟您說在市集裡看到了老虎，您還不信嗎？」

魏王想了一下，說：「這個嘛也許我就半信半疑了。」

這個時候，龐葱內心的憂慮更深了，繼續問道：「那麼，如果又來了第三個人告訴您，在市集裡看到了老虎，您會相信嗎？」

魏王說：「那我就相信了。」

「大王啊，」龐葱沉重的說：「老虎不會出現在市集上，這是再明顯不過的事，可是因為連續三個人來跟您說在市集裡看到了老虎，您就信以為真，那現在我要陪太子去趙國，等我去了趙國以後，如果連續有人在您的面前說我的壞話，您不是也很容易就相信了嗎？從我們魏國都城大梁到趙國的都城邯鄲，可是比從王宮到市集的距離不知道要遠多少倍啊！」

魏王想了一想，這才明白龐葱剛才幹麼要問他那個在市集裡看到老虎的怪問題。魏王說：「我知道了，你就放心的去好了。」

這就是成語「三人成虎」的典故。

然而，龐葱的憂慮後來還是成為了事實。在龐葱去了趙國以後，果真慢慢有人在魏王面前說他的壞話，一開始魏王還會想到龐葱臨行前曾經特意提醒過自己，所以還沒放在心上，然而後來隨著說龐葱壞話的人多了，魏王對龐葱的信心還是逐漸動搖了。

開心閱讀

這一課的重點，是想告訴小朋友們，作文千萬不能匆匆忙忙，在下筆之前一定要多想想清楚，想想「我到底想要說什麼？」

作文，基本上就是「有話要說」，只有在心中有了一個明確的意念之後，才可能提筆作文，就好像古代很多臣子都是先有了想要勸諫君王的事情，或者說想要勸諫的重點，然後再想辦法說一個故事來包裝自己的想法一樣。我們現在所熟悉的「成語故事」，很多就都是過去在封建時代，臣子要向君王提出什麼建言的時候，打比方用的小故事，〈三人成虎〉就是一個典型的例子。

房老師的趣味語文活動

詞語超市

房老師問：「小朋友都愛逛超市嗎？」

小朋友們都說愛逛。

房老師又問：「大家去超市是不是都是買同一樣東西呢？」

大家都說不是。

房老師說：「對啊，每一個顧客都是根據自己的需要，有的買食品，有的買日用品，有的買玩具，有的家裡來了客人，要買點水果。也有的只是隨便逛逛的，就空手回家了。今天老師也開了一個超市，這個超市是專門賣詞語的，叫作詞語超市。我把這些詞語都放在一個大盒子裡，你可以從盒子裡隨意抽取一個，讀一讀，想一想，買下這個詞語可以做什麼用呢？如果你不要，旁邊還有『寫人』、『寫事』、『寫景』、『寫物』和『故事』五個詞語回收站，你可以將詞語退回到最適合的回收站。」

房老師先做一個示範，從大盒子裡抽取了一張紙條，說：「哦，我拿到了一個『蹦蹦跳跳』，可是，我年紀大了，不能蹦蹦跳跳啦。我該怎麼辦？」

黃天宇說：「把它送給我吧。我去上學，一路上就是蹦蹦跳跳的。」

黃靖恒說：「老師，你家裡沒有兔子嗎？兔子就是蹦蹦跳跳的。可以買回去送給牠啊。」

房老師搖搖頭，「我家沒有兔子，我看我還是不要了。我現在應該把『蹦蹦跳跳』這個詞語放回到哪個回收站呢？」

黃天宇說：「放到『寫人』的。」

黃靖恒說：「放到『寫物』的，寫『小動物』。」

王芙玉說：「故事裡經常會讀到好多的小動物喜歡蹦蹦跳跳的啊，放到『故事』詞語回收站好了。」

方仁傑說：「老師，其實你可以要這個詞語的，我爸爸高興起來，也會蹦蹦跳跳的。」

老師笑著說：「看來這是一個很受大家歡迎的詞語了。現在我想到了，我應該把它買回家送給我的女兒，希望她蹦蹦跳跳的上學，那一定是一件非常快樂的事。」

接下來，小朋友們要正式的來逛逛詞語超市了。大家都希望能夠從詞語超市裡「買」到自己喜歡的詞語，又能夠把這個詞語用到最適合的地方去。陳澤良上台抽了一個「漂亮」，他很高興，說：「我要把『漂亮』這個詞語買回家，我媽媽可漂亮了，給她最好了。」

房老師問：「你從哪兒看出媽媽漂亮呢？」

陳澤良說：「媽媽的頭髮很長，很黑。還有，媽媽的眼睛也很漂亮，黑黑的。鼻子也漂亮，尖尖的。」

黃靖恒抽中了一個「放心」，他說：「我每次到外面去玩，媽媽總是在後面說老半天，有時還不准我出去，我想買回家送給媽媽，教她放心讓我出去玩。」

房老師說：「怎麼樣才能夠讓媽媽放心呢？」

黃靖恒說：「以後出去玩，我都要按時回家，而且不到危險的地方去玩。」

黃天宇抽了一個「活潑」，他愣在那裡，說：「我不知道『活潑』是什麼意思？」

房老師說：「哪位小朋友知道『活潑』的意思？有誰需要『活

潑』這個詞語呢？」王芙玉說：「我要。大家都說我是一個活潑的女孩子。我喜歡跳繩，喜歡和男孩子一樣打籃球，每天放學回家我就和鄰居的小朋友去玩。」

陳欣說：「我要把這個詞語送給我的好朋友黃曄群。我希望她能變得活潑一些。」

房老師反問：「你從哪兒看出她不活潑呢？」

陳欣說：「她下課很少跟同學一起玩，回家就坐在那裡看電視，不喜歡動。我們跳舞，她從來不參加。」

這時，剛才說不了解「活潑」是什麼意思的黃天宇舉手，說：「老師，現在我也想要這個『活潑』了。我想起上次參加學校的文藝表演，我和一些女同學一起表演了街舞。平常我還喜歡騎著單車到處跑。我這樣是不是活潑啊？」

房老師說：「天宇真的不錯，能夠從別人講的話裡弄明白了『活潑』的意思。老師現在就把這個詞語送給你，希望你變得更加活潑。」

接下來，房老師把很多詞語分給小朋友，讓他們相互針對所拿到的詞語來說一說。

最後，房老師總結：「看到小朋友都非常認真的在動腦筋該怎麼使用這些詞語，老師很高興。大家在『買詞語』的過程中，應該

都明白了一件事，那就是只有自己需要的、而且能夠把意思弄得很明白的詞語，你才能說得非常棒。寫文章也是一樣，一定要先把自己想說的話想清楚，你才能寫出非常優秀的文章來。」

快樂習作

讓小朋友先想一想要寫什麼。比方說，黃濤小朋友說想要寫可愛的妹妹，瑰琦小朋友想要寫媽媽，科恒小朋友想要寫爸爸幫忙修玩具汽車的事。也不妨讓小朋友先把想要寫的內容（包括想要寫的這個事情）說一說，然後才開始寫。

我的妹妹

◎黃濤

我的妹妹很可愛。她有一個胖乎乎的小臉，一雙水靈靈的眼睛，一笑起來，就更胖了。

她非常愛笑。我對著她大叫，她會「咯咯」笑。我對著她做鬼臉，她會「哇哇」大笑。我帶她出去玩，她也會張大嘴巴笑呢。

妹妹太可愛了。

快樂

◎何瑰琦

我希望我的媽媽壽比南山。媽媽對我很好，也喜歡我。媽媽壽命長了，和我相處的時間就多了。

我和媽媽經常開玩笑。媽媽的身體很苗條。她每穿一件新衣服，還問我：「胖不胖？好看嗎？」我總跟她開玩笑說：「很胖

呢。」媽媽也不生氣。

爸爸真厲害 ◎鍾科恒

有一次，我買來一輛玩具汽車，玩著玩著沒電了。我把小汽車放在陽台上，後來下大雨，小汽車淋溼了，再也開不動了。我告訴了爸爸。爸爸眼睛一亮，說：「這個好辦。」爸爸拿起一塊乾抹布擦乾水，又拿過一個吹風機一吹，就說可以玩了。我把電池放進去，哇，車子真的跑起來了。爸爸真厲害。

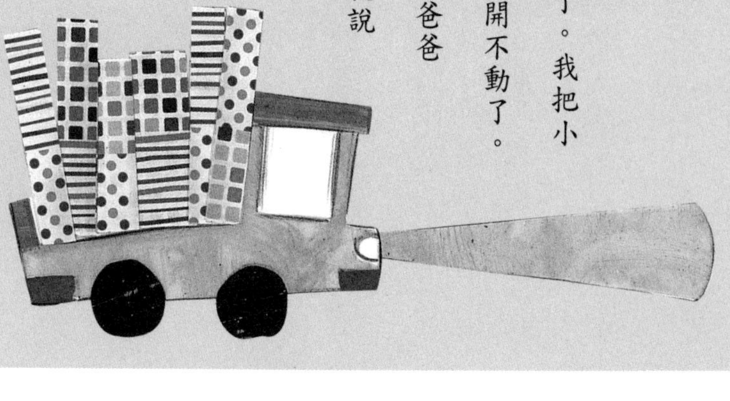

管阿姨點評

這三篇小朋友的作品都很可愛，充滿了一種自然的童真。

譬如黃濤小朋友寫妹妹很胖、很可愛，說「一笑起來，就更胖了」，這種說法在童言童語之中其實也很傳神；瑰琦小朋友一開頭說「我希望我的媽媽壽比南山」，還令人感覺到「壽比南山」這個詞好像用得有一點突兀，可是緊接著瑰琦小朋友說「媽媽壽命長了，和我相處的時間就多了」，就一點也不會再讓人覺得「壽比南山」這個詞有什麼不妥，相反的還會讓人覺得滿感動的。而科恒小朋友的題目叫作〈爸爸真厲害〉，然後用一件具體的事情來說明爸爸是怎麼樣的厲害，所要表達的事情和想法都很清楚。

延伸活動

跟著爸爸媽媽到街上找一找店鋪的名字，記錄那些特別的店名，自己想一想那店鋪的名字想告訴我們什麼。寫下來之後，再去問問店鋪負責人，店名是誰起的，他們本來的意思是什麼，跟你想的有什麼不同呢？

第六課
這是我寫給世界的信

艾蜜莉・狄金遜（1830-1886）的日記一則

一八六七・三・一四，星期二

今天我看到一棵勇敢的仙人掌，打敗了死亡。雖然被冬日的雪所覆蓋，但它仍然努力的生長出來，沐浴在金色的陽光下。大自然正從冬天的傷口復原，這個春天就是證明。每年她都答應要回來，但今年她卻遲到了那麼久，幾乎快讓我們絕望了。現在既然春天來了，我們該可以原諒這個小氣的神了。

重生需要我們共同慶祝。雖然我如伯勞鳥一般的歌頌生命，我卻從未記下這些時刻。我安安靜靜的活著，只為了書冊，因為沒有一個舞台，能讓我扮演自己的戲。不過思想本身就是自己的舞台，也定義著自己的存在。紀錄一個就等於同時紀錄另一個，就像將開得最美的鮮花夾在書頁間一樣。所以，讓這個日記成為寫給自己的信吧，這樣就無須回信。

這是我寫給世界的信

這是我寫給世界的信
因為它從來不寫給我
自然帶來簡單的訊息
既溫柔又崇高的存在
她的訊息是寫給那雙
我看不見的手
為了她的愛——親愛的同鄉
請溫柔的評斷、評斷我

開心閱讀

這一課的重點仍在於告訴小朋友，在提筆作文之前，一定要先想好「我想要在這篇文章裡說些什麼？」

艾蜜莉．狄金遜是美國最傑出的女詩人之一。根據學者考證，〈這是我寫給世界的信〉這首詩大約是寫於一八六二年，也就是大約寫於這篇日記的五年以前。

很多作家都有寫日記的習慣，為什麼呢？因為寫日記不但可以紀錄自己的心情，整理自己的很多想法，同時也是一種最好的累積素材的方式。

每個人對於「我」應該是最熟悉的，「我」的很多想法也比較會有與別人不同的地方，這些都是我們在作文的時候應該好好抓住和發揮的地方，否則，如果大家想得都差不多、寫得也差不多，那有什麼意思呢？

房老師的趣味語文活動

我的地盤我做主

房老師說：「小朋友可能還沒聽說過有這麼一句有趣的名言——『有一千個讀者就有一千個哈姆雷特』。這句話告訴我們，每一個讀者看書都會得出自己的結果。看書是這樣，寫文章也是這樣。今天老師就想玩一個聯想的遊戲，看看大家是不是都有自己的想法。」

房老師先介紹遊戲規則。「老師把這個遊戲的名稱叫作『我的地盤我做主』，是希望你想說什麼就說什麼。老師會在黑板上畫一個簡單的線條或者圖形，大家根據這個簡單的線條或者圖形去聯想自己的愛好與經驗，透過聯想，看看它像什麼，然後根據自己的想法加上一筆，變成自己最喜歡的東西。再講一個小故事。」

房老師在黑板上畫了一個圓圈。

黃靖恒說：「我想到月餅，我最喜歡吃月餅了。」

方仁傑說：「我想到紅通通的蘋果，又大又甜。」

黃曄群說：「我想到我家冰箱裡有好多這樣的果凍。」

房老師笑著說：「真是一群貪吃的小鬼，怎麼都是想到吃的啊！」

歐陽浩說：「我想到的是我最喜歡玩的乒乓球。」

鍾科恒說：「我覺得是我經常踢的足球。」

何瑰琦說：「我想到在博物館裡看到過的天文望遠鏡，真是太神奇了。」

劉洋說：「我覺得這個圓呀既像是白天的太陽，也像是十五晚上的月亮。」

陳欣說：「是碟子，我常常把家裡的碟子洗得乾乾淨淨。」

黃天宇說：「我覺得像我媽媽梳妝用的鏡子。」

房老師說：「小朋友已經對這個圓形聯想到了很多，如果現在只允許你加上一筆，你會加怎樣的一筆？又會加在哪個地方？『我的地盤我做主』，每個小朋友都可以盡量發揮自己的聰明才智，表達自己的喜怒哀樂。」

大家在台下比畫起來。

性急的王芙玉同學很快就跑上來，簡單地在上面加了一條彎彎的線條，說：「我把它變成梨子，我太喜歡吃梨子了。」

愛動腦筋的方仁傑說：「不對不對，梨子不是圓形的，王芙玉加上那一筆之後看起來倒有一點像蘋果。」

貪玩的王晟在圓圈下加了一根繩子樣的線條，她說：「這是我最喜歡玩的氣球了。」

劉洋在圓圈上面畫了個「M」，看起來就成了可愛的小兔子，那個「M」就像是小兔子的耳朵。

一年級的小不點黃天宇有兩個想法；一個是在圓圈裡面畫上波浪線，成了一個有頭髮的臉譜，另一個是在圓圈中間加了一個小圈圈，說是甜甜圈。

喜歡搞笑的鍾科恒看到「甜甜圈」，馬上跑了上去，在圓圈外面畫上一個圈，說是呼啦圈。

陳欣畫的看起來和黃天宇畫的第一個圖案一模一樣，也是在圓圈中間畫了一個小圈圈，不過她說這是幫媽媽洗的菜碟子。

這時，平日裡比較討厭上課，連寫個小作業往往都沒話可說的歐陽浩似乎被大家的奇思妙想所激發了，也跑了上來，在圓圈的一側畫上一個短柄，原來他想到了自己平常在課餘時間幾乎都不離手的乒乓球拍。

不甘示弱的王芙玉再一次走上講台，她在圓圈的一側畫上一個小小的半圓，說是給這個圓臉畫一個耳朵。

大家都笑起來了：「哪有只有一個耳朵的？」

黃天宇說覺得王芙玉畫的那個「耳朵」看起來像一個鴨舌帽。原來上次的文藝活動，黃天宇小朋友剛剛參與了街舞表演，當時正好就是戴這樣的鴨舌帽。

最後，房老師總結說：「大家的想像力都非常豐富，而且都說得很棒。『我的地盤我做主』，只有從自己最熟悉和最喜歡的事物說起，你才會說得與眾不同，才會說得精采。」

快樂習作

讓小朋友針對自己寫一小篇短文，可以寫自己的模樣、愛好、脾氣，或是發生在自己身上的一件小事。

自我介紹 ◎何瑰琦

我叫何瑰琦，今年八歲。高高的個子，圓圓的臉。濃濃的眉毛下長著一雙杏核眼，老師說我挺可愛的。

我最喜歡看書。每到星期天，我就會讓爸爸帶我去買書。比如《格林童話》啦，《十萬個為什麼》啦，我都愛看。

我也有缺點，做作業馬虎，脾氣倔強。我想我會慢慢去改的。

我的煩惱

◎陳澤良

我的缺點就是做事慢。吃飯的時候，我是經常被媽媽催的。每次吃飯，我總是最後一個吃完。我做作業也慢。讀二年級上學期的時候，老師出的作業不是很多，但我做一個題目，就要想好久。等做完作業，其他人都睡了。考試的時候，老師也叫我快點做。可是，我還是要一個一個做好啊。等到下課鈴響，我還有好幾道題目沒做。結果考試只有七十多分。家裡人為我的慢著急，可是我也找不到好辦法？

我的煩惱

◎黃靖恒

媽媽總是說我做事太快了。

別看我個子小，走路可快了。我和媽媽一出門，等她剛關好門，我一低頭，就跑到拐彎的另一條巷子去了。媽媽說帶我出去有些頭疼。

吃飯了。我端起碗，拿起筷子，嘴貼著碗，咕嚕咕嚕，像喝茶一樣，一下子吃掉一碗飯。媽媽就說慢點吃，別燙著喉嚨。

我做作業就更快了。其他同學一節課寫一篇小字，我十分鐘就寫好了。老師說：「你寫慢點，寫工整一些。」可是，我就是快啊！

我的趣事

◎劉洋

去年夏天裡，我看見家裡的小白狗毛那麼多，一定很熱吧。我拿起一把剪刀對小狗狗說：「小狗狗不要怕，我來幫你剪剪毛，讓你涼快涼快。」小狗乖乖站著。我開心極了，拿起剪刀，左一剪喀嚓，右一剪喀嚓。這樣一來，呀，小狗原來雪白的毛，變成了一隻大花狗。到處都是毛洞洞。我圍著大花狗又唱又跳。牠呆呆著望著我，不知道我在幹什麼呢。

管阿姨點評

小朋友對於自己應該是很熟悉的吧，所以，寫自己，應該是一個非常熟悉的題目，也應該會有很多素材可寫，不至於會有「不知道該寫什麼」的困擾。

這幾篇小朋友的作品都寫得不錯，讀起來都很真實，也都很可愛。

兩篇〈我的煩惱〉寫得特別好，而且把這兩篇作品放在一起讀，產生了一種特別的效果；原來動作快也煩惱，動作慢也煩惱，到底是快一點比較好，還是慢一點比較好，真是教人說不准啊。

延伸作業

採訪爺爺奶奶、爸爸媽媽和鄰居夥伴，請他們談談對你印象最深的一件事情或者一次見面，並寫下來。最後請爸爸和媽媽評一評，你在所有人眼中是不是一個樣子呢？

第七課 孔融的故事

東漢末年的文學家孔融（153-208），是孔子的第二十代孫子。

孔融小的時候是一個神童。在他十歲的時候，聽說河南尹李膺的名氣很大，想去看看他，居然就大搖大擺地跑到李膺家，還大模大樣地請人進去通報，自稱是李先生的世家子孫，想來拜訪李先生。

（注：所謂「世家」，在古代是表示好幾代以來都是非常顯貴的家族。「世家子孫」，也有說兩家長久以來都是很好很熟的關係的這層意思。）

當時，李膺的家裡正好有些客人，大家原本聽說有一個李膺的世家子孫來拜訪，都想看看這個世家弟子是什麼樣子，沒想到等了一會兒居然看到是一個小孩子跑進來，都覺得很意外。

李膺根本就不認識孔融，覺得這個孩子的膽子真大，就問他：「你到說說看，你的上輩跟我有過什麼交往嗎？」

孔融不慌不忙的回答：「我的先人孔子，與先生的先人李老君

（就是老子李耳）曾經見過面，也交談過，互為師友，所以我與先生您當然就是代代世交了啊。」

按照書上的記載，孔子當年確實曾經和老子見過面。

聽了孔融這番充滿才智的回答，在場的人都感到很驚訝，紛紛讚美道：「真是一個與眾不同的孩子啊。」

這時，太中大夫陳煒（ㄨㄟˇ）來了，大家就把剛才發生的事告訴陳煒。結果，陳煒說，這沒什麼好大驚小怪的，「小時了了，大未必佳」啊，意思是說，小時候很出色的孩子，等到長大以後就不一定會那麼出色了。

沒想到，孔融的反應真不是普通的快，居然馬上就看著陳煒回應道：「那麼先生您小時候一定是很出色的了。」意思就是說，難怪您現在不怎麼樣啊，弄得陳煒很下不了台，尷尬不已。

開心閱讀

這一課的重點是在告訴小朋友們蒐集材料的重要。詞彙量豐富固然很重要，但是一篇文章，不能只是很多詞語的堆砌，還是要能講出一些具體的內容。我們所掌握的詞彙，都是為了讓我們能夠很好的來描述一個事情，或是一個想法。

比方說，在歷史記載上都說孔融小時候很聰明，很機智，是一個神童。如果只是這樣描述，讀者很難領會孔融到底是有多聰明、多機智，而這個很有名的故事就正好可以反應出孔融「神童」的特質（但是以今天的角度來看，可能也有一點狂妄無禮就是了）。

只要材料蒐集得充分，一篇作文的內容就不會太過薄弱。

關於蒐集材料的訓練，我們可以先從日常生活的作文題材來著手。

房老師的趣味語文活動

觀察運動操

房老師說：「我們要寫一個人、一個東西、或者一件事情的時候，都要盡可能從很多方面去蒐集有關寫作的材料。今天，房老師和大家玩一個運動操的遊戲，這是一種特別的運動操，叫作『觀察運動操』，用這個特殊運動操的方式來蒐集材料，你一定會發現蒐集來的材料還挺多的。」

房老師先講解遊戲規則。「我們這套運動操有五節。你在面對要寫作的東西或者是事情的時候就一節一節的做下去。第一節，眨眨眼，表示『我看到了』（或者是『能看到什麼』）；第二節，捏捏耳，表示『我聽到了』（或者是『能聽到什麼』）；第三節，按按鼻，表示『我聞到了』（或者是『能聞到什麼』）；第四節，舔舔舌，表示『我嘗到了』（或者是『能嘗到什麼』）；第五節，也就是最後一節，揉揉手，表示『我感覺到了』（或者是『我能做些什麼』）。」

大家開始自由尋找題目，然後開始了「觀察運動操」。

黃天宇第一個站起來說：「我喜歡我的媽媽。」

接著，他眨眨眼，這是「觀察運動操」的第一節，「我看到早晨的媽媽在梳頭髮，在穿漂亮的衣服。我還看到她臉上的那個小酒窩。」

第二節，他捏捏耳，「我聽到了媽媽甜甜的聲音，她說話時還會發出咯咯的笑聲。」

第三節，他按按鼻，「我聞到了媽媽身上那淡淡的香水味。」

第四節，他舔舔舌，「我嘗到了——」

他停頓了一下，馬上接著說：「媽媽做的菜，非常好吃的味道。」

第五節，他揉揉手，「我能和媽媽做什麼呢？我和媽媽一起打羽毛球，牽著媽媽的手過馬路。我愛我媽媽。」

房老師誇獎黃天宇做得很好。如果天宇要寫一篇叫作〈我的媽媽〉的文章，不是有很多素材可寫嗎？

現在，黃曄群說：「我喜歡我弟弟。」

她開始做「觀察運動操」了。只見曄群眨眨眼，「我看到一個小腦袋的弟弟，瘦瘦的。」

她捏捏耳，「我聽到弟弟在大叫，他很少安靜的時候。」

她按按鼻，「我聞到了弟弟身上的一股汗味，他玩起來總是全身都是汗。」

她舔舔舌，「沒有味道。」
她揉揉手，「我和弟弟一起玩遊戲，一起幫媽媽做家務。我的弟弟很好玩吧。」
陳欣說：「我喜歡屋前的那棵樹。」
她眨眨眼，「我看到了圓圓的葉子，綠綠的，樹幹很粗。」
她捏捏耳，「我聽到了，聽到了風吹過樹葉，沙沙的聲音。」
她按按鼻，「我走進樹，聞到一股清香。」
她舔舔舌，「我嘗過樹葉的味道，有點苦。」
她揉揉手，「我會摘下幾片樹葉來玩，我有時還會抱著樹往上爬呢。」

房老師說：「剛才大家都是針對自己喜歡的人啊、物啊來做『觀察運動操』，都想到了許多快樂的鏡頭。下面有沒有小朋友能夠用做操的辦法，回憶起自己最喜歡的事情呢？」

何瑰琦說：「我想對我喜歡看書這件事來做『觀察運動操』。」

她眨眨眼，「我看到了大大小小的書，有的厚，有的薄。你能夠看到我下課的時候，經常一個人坐在教室裡看書。」

她捏捏耳，「看書的時候，我什麼也聽不到了。哦，聽到了，我最喜歡翻書頁時沙沙的聲音。有時好像還聽到了書裡小精靈跟我說悄悄話呢。」

她按按鼻，「書的油墨香最好聞了。」

她舔舔舌，「我可從來沒吃過書呢。」

她揉揉手，「我不管去哪兒，總喜歡拿一本書出門。我有時躺在草地上，雙手舉著書，有時看看藍天，有時看看書。我不喜歡別人來摸我的書，特別是在玩遊戲以後跑來摸，會把我的書弄得很髒。我看完了書，就把書放回書架，擺得整整齊齊。」

房老師總結：「何瑰琦同學真是一個書迷啊。現在大家應該體會到了做『觀察運動操』的妙處了吧。每做一節操，都會激發你對人、事、物某個方面進行回憶，就能夠蒐集到比較理想的資料。多練練，自然而然養成從幾個不同的角度來蒐集資料的習慣，然後作文，這樣動起筆來，就能夠有話可說。」

快樂習作

讓小朋友先想一想，在自己身邊有沒有什麼真實的小故事（也就是真實的作文材料），多蒐集幾個，再挑選其中最有趣、最有意思的一個小故事來寫。

找故事 ◎黃天宇

黃靖恒用一隻手按住左邊的眼睛，用另一隻手按住右邊的眼睛，兩個眼睛豎起來了。我說我看到了一隻可愛的狐狸，正朝我們笑呢。黃靖恒說我真聰明。

我用手指頭把鼻子往上面提，另一隻手就抓住耳朵，還眨著眼睛朝著黃靖恒笑。黃靖恒說：「哈哈，一隻貪吃的豬八戒來討親了。」他也很聰明。

這就是我 ◎李碩

我是一個七歲的小男孩，圓圓的臉蛋上有一對明亮的眼睛。我一笑起來，就露出一個小酒窩，別人都說特別好看。我正在換牙齒，你還會看到我的空門牙。

我比較活潑、好動，對什麼事情都好奇，總愛問為什麼。

我的愛好很廣：下棋、打羽毛球、看書……特別愛數學，數學成績一直很好，還擔任了數學科代表呢。

我愛媽媽。放學回家，看見了勞累一天的媽媽，我會連忙遞上茶，還幫媽媽揉揉背，媽媽誇我懂事，是個孝順的兒子。我還能幫媽媽掃地擦桌子，我自己能做的事情自己做，不要別人幫忙。不過我特別愛吃零食，希望你能和我交朋友，我會改正這些缺點的。

趣事

◎王芙玉

星期天，我和表妹心明相約一起去看外婆。心明是個愛貪小便宜的傢伙，只要有東西吃，她就不會錯過，這不，我倆剛到外婆家，看見外婆在晒一串串紅紅的尖尖的東西。外婆嘴裡念叨著：明天就可以吃了。心明一聽是吃的，就來了興致，想趁外婆不在時偷吃。她等啊等啊，終於等到外婆給我們去做飯，心明馬上跑進了院子，看見那一串串火紅的東西，就忍不住了，抓一大把往嘴裡塞。哇，好辣呀！心明一邊扇著嘴，一邊往水缸跑。原來，外婆晾的是紅辣椒呀！

管阿姨點評

這三篇作品讀起來都很真實，很可愛。不過，天宇小朋友的作品為什麼會叫作〈找故事〉？可能天宇有些想法還沒有完全表達清楚吧，而芙玉小朋友所寫的這個小故事雖然很有趣，可是如果想要用來顯示表妹「是個愛貪小便宜的傢伙」，好像不大合適；這可能是芙玉對於「小便宜」、「愛貪小便宜」這些詞的理解不夠正確，也可能是所收集的材料並不是很合適。

第八課 海倫·凱勒的故事

海倫·凱勒（1880-1967）是美國近代非常有名的教育家。她能夠掌握英、法、德、拉丁和希臘五種文字，但是令人不敢相信的是，她在兩歲還是牙牙學語的階段就喪失了聽力和視力。

隨著時間慢慢流逝，小小的海倫·凱勒當然察覺到自己和別人有那麼明顯的不同。由於和周圍的人幾乎都完全無法溝通，海倫·

凱勒感到非常的挫折，經常又哭又叫。

幸好父母始終很愛她，從來不曾想過要放棄她，即使後來到了入學年齡，海倫·凱勒無法入學，父母還是做了很大的努力，好不容易終於為女兒找到了一位家庭教師安·沙利文。

這位沙利文老師，成為影響了海倫·凱勒一生的人。

沙利文老師努力想要讓海倫·凱勒理解每一個東西都有一個「名字」，但是，對於看不見也聽不見的海倫·凱勒來說，這實在是太難理解了。直到有一天，她們來到花園，經過一口井，沙利文老師靈機一動，拉著海倫的小手，讓海倫把一隻小手放在水流中，然後在她另一隻小手的手心裡不斷重複寫著「水」這個字。突然，海倫・凱勒終於開竅了，她終於明白了沙利文老師的意思。

這是沙利文老師教學上的一大進展，更是海倫・凱勒學習上的一大突破。海倫・凱勒終於進入了文字的世界，她的世界從此不再是一片黑暗。

到了十歲，海倫・凱勒除了能夠用手指寫字的方式來和別人「交談」以外，也學會了閱讀點字書，這是一種專為盲人所設計的書籍，這麼一來，她就可以學習更多的知識。

這時，沙利文老師的下一個目標是——要教會海倫・凱勒如何說話。

這聽起來簡直就像是一個「不可能的任務」。因為，如果只是聾人，但是視力正常，就可以透過觀察別人的嘴型甚至是舌頭的位置來學習說話，但是，海倫．凱勒既是聾人同時也是盲人，根本看不到，要怎麼從別人的嘴型來學習說話呢？

沙利文老師覺得自己恐怕無法勝任，便帶著海倫．凱勒去求教專家。

這個老師想到的辦法是，要海倫．凱勒在他說話的時候，輕輕觸摸著他的嘴唇，體會老師嘴唇的變化，再模仿老師嘴型的變化來發音。當然，因為海倫．凱勒聽不見自己的發音，所發出來的音往往很離譜，這個時候老師就會用手勢讓她知道她所發出來的音有多麼的荒腔走板，然後要她繼續努力。就這樣，又聾又盲的海倫．凱勒，學習說每一個字都經常要嘗試、修正幾十次，甚至幾百次，才能正確的發出來。

每當海倫・凱勒感到非常挫折和心灰意冷的時候，沙利文老師就會在海倫・凱勒的手心慢慢寫著：「如果不想當啞巴，你就得堅持下去！」

在沙利文老師的鼓勵下，海倫・凱勒以非常緩慢的速度一點一滴的進步著。漸漸的，她終於會說話了！她終於不是又聾又盲又啞了！

海倫・凱勒在二十歲那年順利進入了大學，後來並且以優異的成績畢業。天知道她是付出了多大的努力啊！

一直到現在，海倫·凱勒的故事，特別是她的奮鬥精神，仍然不斷鼓舞著一代又一代的世人。一九五九年，聯合國還曾經發起了「海倫·凱勒」世界運動，激勵大家一起來向海倫·凱勒學習。

開心閱讀

這一課的重點同樣是放在蒐集材料的重要。材料充實，文章的內容就會顯得豐富。

在蒐集材料的時候，我們要特別提醒小朋友一個非常重要的因素，那就是「時間」。

譬如，當我們寫一個人物的時候，如果有「時間」的概念，看看這個人物在不同的年紀有些怎樣不同的表現，和怎樣的變化，然後選取一些很有代表性的事件加以呈現，這個人物就會顯得很生動。

房老師的趣味語文活動

尋找時間的影子

房老師說：「小朋友好。老師這裡有一個謎語，大家來猜猜看。看不見，摸不到，沒聲音，沒味道。沒有它，什麼事情都做不成；它使一切渺小的東西歸於消滅，使一切偉大的東西生命不絕。那它是什麼東西呢？」

黃天宇說：「這個謎語我猜過，是『時間』。」

房老師說：「天宇真不錯，課餘還能夠猜謎語。是啊，時間一天一天從身邊過去，我們能夠看到它、聽到它、摸到它、聞到它嗎？」

有些同學大聲說「不能」。

可是黃靖恒說：「老師，我能夠從時鐘裡聽到時間滴答滴答的聲音，我也能夠從時針分針不斷往前走看到過去幾分幾秒了。」

房老師說：「黃靖恒真是一個聰明的孩子，透過鐘錶，我們確實好像可以『看』到『時間』在不斷的流逝，可是如果不是透過鐘錶，就不容易『看』到『時間』了。然而，『時間』在表面上看不到，卻是在我們身邊真真切切的存在，不管你做什麼、看什麼、寫什麼，都跟『時間』是分不開的。今天，老師想和大家做一個活動——『尋找時間的影子』。」

王芙玉問：「老師，『時間』怎麼會有影子呢？不是看不到嗎？」

房老師說：「其實不管你看到什麼事物，聞到什麼味道，摸到什麼東西，你都會感覺到『時間』就在裡面的。只不過有的時候你會感覺時間長一些，有的時候就很短暫。比方說，你聞到飯焦了，這裡面有沒有時間變化呢？」

王芙玉說：「老師，我明白了，因為時間一長，那個飯便燒焦了。茶水不燙了，也是因為時間過去了，熱茶就慢慢變成涼水了。」

房老師說：「王芙玉小朋友真不錯。大家看到了，只要細心觀察，我們都能夠找到『時間』在每一件事物裡所留下的影子。大家看看老師的那輛自行車，『時間』有沒有在它身上留下影子呢？」

黃靖恒說：「那個車子太舊了。」

房老師說：「沒錯，是很舊，但到底是怎麼個舊法？不就是因為過去了一段時間，這輛自行車發生了一些變化，才會讓我們看到、感覺到它很舊了嗎？現在，請每一個小朋友做好準備，一個一個上去找『時間的影子』。我希望大家要能找出不同的影子。」

方仁傑首先跑到自行車旁邊，抓住那個車鈴，按了按，說：「老師，這個車鈴上面都生銹了，聲音也『卡卡』的響，一定是時間很長了吧。」

歐涵雅接著上去，她摸到那個車把手說：「車把手的塑膠都變光滑了。」

鍾科恒用腳踩踩踏腳板，說：「我騎過單車的，這個踏腳板都鬆了，老師踩了很多年吧。」

黃濤低下頭，說：「老師，這個鏈條都生鏽了，有的還磨光了。」

方鑫說：「座墊上有個洞洞。」

陳欣說：「鋼絲有幾根都長斑點了。」

大家找得愈來愈細緻，說得也愈來愈多了。

房老師說：「大家真厲害。本來這個自行車給我們的感覺就是很舊了，一句話就說完了，可是在這個『尋找時間影子』的過程中，我們卻發現有那麼多資料，其實也就是素材，都可以用來說明自行車很舊了。如果老師把大家剛才說的話，依序抄在黑板上，大家來讀一讀，看看是不是一篇很不錯的文章呢。」

房老師在黑板上寫著：

「房老師的舊自行車。

房老師的車子太舊了。

車鈴上生銹了，聲音卡卡的響。

車把手的塑膠變光滑了。腳踏板很鬆，鏈條也生了鏽，有的還磨光了，有幾根鋼絲還長了斑點。

這個自行車跟老師的時間一定很長了。」

大家都說這樣一邊找一邊寫，真的有話可說、有很多材料可以寫。

接下來，房老師讓小朋友都拿一件東西，互相來找一找「時間的影子」。

最後，房老師總結：「小朋友在『尋找時間影子』的過程中，也是一種發現事物變化的過程。當我們去寫某人某物時，我們可以採取這樣的活動，你就會發現這人這物有太多的變化可以寫了。這也是我們蒐集材料的一個好辦法。」

快樂習作

讓小朋友先想好要寫一件什麼事，然後慢慢來描述這件事，從描述事情不斷的進行中，體會時間的變化。

我的弟弟 ◎陳澤良

我的弟弟叫穎志。今年三歲。

小小的眼睛，圓圓的臉蛋，小小的耳朵，大大的嘴巴。他的個子快到我肚子上了。

弟弟以前喜歡哭，不管誰去抱他，他就哇哇的哭。現在不喜歡哭了，還吵著要人抱。

弟弟以前跟著我就是要吃的，現在跟我就喜歡在地上爬。

我以前不和弟弟玩，現在一放學回家，就幫弟弟做事，保護弟弟，弟弟喜歡我了。

牙齒運動會

◎何瑰琦

牙齒運動會？今天上午，房老師就讓我們的牙齒舉行了一次運動會呢。你看，方仁傑一上來，就好像抓了個吃的往嘴巴裡塞，那牙齒慢慢合在一起，很快又張開了。他說他在吃薯條。黃靖恒上台了，他的手捏成了一個拳頭，好像要塞很多東西到口裡去。然後，他閉著嘴，我只能看到他的臉頰在動，那牙齒很有力的咬著。黃靖恒說在吃豆子。房老師也表演了用大牙咬硬糖。不記得還有誰表演了用牙齒撕雞腿。牙齒的運動項目還真多。

丟手絹

◎黃暐群

今天，我們在房老師家裡玩了丟手絹。我們圍成一個圈蹲著。一開始，黃天宇拿著一條手絹，在我們背後跑來跑去。我們還要唱：「丟，丟，丟手絹，輕輕的放在小朋友的後面，大家不要告訴他，快點快點抓住他。」黃天宇把手絹悄悄的放在黃靖恒的後面，但他忘了馬上跑到自己的位子上蹲著，很快又讓黃靖恒抓住了。黃天宇只好繼續丟手絹。我們都叫著快些丟到我的後面啦。

我們玩得很快樂。

管阿姨點評

在這三篇作品裡，我們都可以找到「時間的影子」。澤良小朋友用「以前」和「現在」兩種不同的時空，來描寫小弟弟的變化；瑰琦小朋友和曄群小朋友描寫「牙齒運動會」以及「丟手絹」的活動，透過描寫活動的過程、展現活動的細節，也可以讓人感受到時間的腳步。

延伸活動

1. 蒐集自己小時候玩過的玩具，聽爸爸講你和玩具的故事，並寫下來。
2. 蒐集自己的舊照片，寫一寫照片上的故事。

第九課
盤古開天

傳說，世界是一個叫作盤古的「人」所創造出來的，所以後來才會有「盤古開天」這個說法。

盤古為什麼會「開天」？因為傳說最早的世界是一片渾沌，只不過是黏答答、黑壓壓的一片，裡面什麼也沒有，只有一個盤古，就這麼睡在裡頭，睡得很香，一睡就是一萬八千年。

當盤古終於睡飽了，一覺醒來，伸伸手、蹬蹬腿，什麼也看不見。再一伸展四肢，他抓到了一把大板斧，很高興，心想：

「太好了，我可以把這個地方改造一下！」

接著，盤古就抓著那把大板斧用力的揮來揮去，嘩啦啦啦，那團本來黏答答的東西裂開了，比較輕的東西往上升，盤古把它叫作「天」，比較重的東西往下降，盤古就把它叫作「地」。

不過，「天」和「地」畢竟是剛剛才被分開，盤古擔心不知道什麼時候它們又會合在一起，於是趕快站起來，用頭頂著天，用腳踏著地。

不僅如此，盤古還一天一天的長大，於是，整個世界也就隨著發生奇妙的變化，天每天都升高一丈，地每天也都加厚一丈。這樣又過了一萬八千年，盤古的身高已經有了九萬里，到這個時候，天和地就遠遠的分開，再也不可能合攏。世界終於穩定了。

盤古還是不放心，繼續頂天立地的站著，又站了好久好久，直到終於支撐不住，他倒了下來，嚥下最後一口氣。然後，他整個人、整個身體都化做這個由他親手創造出來的世界的一部分；他的左眼變成太陽，右眼變成月亮，頭髮變成星星，肌肉是泥土，血液是江河，筋脈是道路，牙齒、骨頭是石頭和金屬……從此，這個世界就變得更加的多彩多姿了。

開心閱讀

這一課要強調的是如何抓重點以及如何使文章具備條理性。想要寫好任何一個故事、或是任何一件事，都要有條理。比方說〈盤古開天〉，盤古從混沌狀態到慢慢創造這個世界，就是一步一步慢慢進行的，所以如果想要把這個故事講清楚，就必須把盤古創造世界的過程，尤其是把他「由大而小」、「由全面再局部」的條理弄清楚。

此外，如果能夠注意對於人物動作的描寫，不僅可以使文章讀起來比較生動，也比較容易讓讀者印象深刻。文字雖然是平面的，但我們還是可以藉由文字來表現動感。

房老師的趣味語文活動

心有靈犀一點通

房老師說：「在閱讀中，我們抓住了文章的重點，就能夠明白文章的條理。其實，在我們生活中，聽別人說話，也要聽出對方說的重點，才能很準確的回答對方。如果我們總是抓不住重點，往往就會鬧出一些笑話來。今天，我們來做一個『心有靈犀一點通』的遊戲，看看誰最會抓重點好不好？」

房老師介紹遊戲的規則：「我會選擇生活中司空見慣的事情，讓一個小朋友上台來表演，台下的小朋友就根據台上小朋友的動作來猜到底是什麼事情。希望表演的小朋友能夠用動作清楚的『告訴』我們這是什麼事，也希望觀看的小朋友能夠『讀懂』這是一件什麼事。」

一個小朋友上台。房老師給他的紙條上寫的是「削梨」。

這個小朋友不假思索的馬上表演起來。他好像在搬出一個什麼機器，不停地用手比畫機器，然後拿起一個圓圓的東西放到機器裡，再用力搖起來。很快的，他取出那個圓東西往口裡一塞，吃得很愜意的樣子。

台下有的小朋友說：「吃水果！」

有的小朋友說：「做家務。」

知道答案原來是「削梨」以後，大家都怪表演的小朋友，說：「你的重點應該是削的過程啊，幹麼擺弄水果機，又是吃的樣子，讓我們看不到削梨了。」

房老師又請第二個小朋友上台，向他出示寫著「泡茶」的紙條。他摸摸腦袋，想了片刻，然後開始了表演。

這個小朋友用左手托著一個像茶碗一樣的杯具，一邊蹲下，右手抓起一個物件，做出朝左手的杯子裡倒水的樣子。他看看台下，馬上有人說是「倒水」。他愣在那裡，不知道是哪個環節出了問題。

房老師這一次沒有馬上公布答案，又請了另外一個女生上台表演。這個小女生似乎比較明白「泡茶」的重點所在。她首先像是抓起了一隻杯子，看看裡面好像很乾淨，便放在桌上；再從另外一個地方夾起「茶葉」放在杯子裡；接著她用一隻手好像捏住一個「熱水瓶」的手柄，一隻手小心翼翼的「揭開瓶蓋」，歪著身子，有些吃力的朝杯子裡倒水；最後，她放下了熱水瓶，非常高興的看著「杯子」。

大家馬上高呼：「泡茶！泡茶！」

接著，大家也討論了兩個小朋友的所表演帶來不同的效果。第一個小朋友拿開水瓶的動作不明顯，也沒拿茶葉，所以看不出是在泡茶，而第二個小朋友所表演的每一個動作都是泡茶所不能少的。

接下來，房老師把小朋友們分組，兩人一組，把那些紙條發給大家，讓大家「一對一」的來進行表演。負責表演的小朋友一定要琢磨如何表演才能夠讓人家很快就明白，而負責猜的小朋友也一定要仔細觀察表演者所有的動作和神態。

大家都玩得非常開心。在遊戲中也愈來愈明白該如何用動作去表達一件事情。

快樂習作

讓小朋友挑選一件會有很多動作的事情來寫。

玩木頭人 ◎劉洋

下課了，我們在操場上玩「一二三，木頭人」的遊戲。

這個遊戲的規則是，站在最前面的那個人是「鬼」，「鬼」要背對著大家，「鬼」一喊「一二三」，大家就可以前進，可是不能被「鬼」抓到，如果有誰動了被抓到，就由誰來當「鬼」。

第一輪是我當「鬼」。我站在前面，背對著大家，感覺後面有人來了。我說「一二三」，回頭一看，沒人動；「一二三」，我再回頭，還是沒有人動；「一——二——三」，我慢慢的喊，可是還是沒抓到有人動；再喊一次「一二三」，何瑰琦拍到了我，我趕快回頭，快追，唉，沒追到。

我繼續喊著「一二三」，嗯，沒人動；「一二三」，哈哈，何瑰琦動了，該你了！

叮鈴鈴，上課了。我們互相說了聲：「下課後，不見不散！」

在這樣的遊戲中，我交了許多朋友，也感受到了課餘生活的樂趣。

我會騎單車了 ◎黃天宇

媽媽買了一輛漂亮的單車給我，沒幾天，我就會騎單車了。

我對媽媽說：「我要騎自行車到房老師家去。」

媽媽同意了。

我一出門，就騎在自己的自行車上，媽媽在後面跟著。

我上坡了，我站了起來，用手撐在車龍頭上，腳使勁往下踩。自行車跑得很快。

媽媽在後面一邊叫我慢點，一邊跟著小跑。

我可高興了。在平平的路上也這樣踩起來。媽媽汗也出來了。

野遊

◎何瑰琦

星期六上午，我們一家三口到太保寺郊遊。

我們在超市買了郊遊要用的東西。爸爸騎著摩托車帶著我和媽媽很快就到了太保寺。我們在路邊坐了下來。路下面是一個很大的水庫，有一些人在釣魚呢。

我和爸爸到後面的山上去看。山上有很多植物，花花草草，我都不認識。爸爸一一告訴了我。

中午，我們用了野餐。我們一家一起收拾了垃圾。太陽下山了。我們也回家了。

管阿姨點評

這幾篇小朋友的作品，其中確實都有很多動作，天宇小朋友寫得特別好，尤其是從「我一出門……」到「媽媽在後面一邊叫我慢點，一邊跟著小跑。」這幾句，因為把動作寫得活靈活現，文章讀起來也就非常的活潑和生動。

第十課 布萊梅鎮的音樂家

有一頭驢，辛辛苦苦為主人工作了大半輩子，一直任勞任怨。可是現在，他老了，力氣小了，幾乎做不動了，主人就想把他殺掉。驢子預感到即將到來的厄運，便悄悄逃走。驢子想逃到布萊梅鎮去，他想自己到那裡或許能成為一個音樂家。

驢子跑了一段路，看到一隻獵狗趴在路邊大口大口的喘氣，好像很吃力的樣子。

「嗨，老兄，你怎麼啦？」驢子問。

獵狗嘆了一口氣，「唉，我是逃出來的。主人看我老了，不中用了，就想打死我。唉，以後我該怎麼辦啊？」

驢子說：「我也是逃出來的，我正打算去布萊梅鎮做一個音樂家，要不我們一起走吧，我拉琴，你打鼓，一定很不錯！」

獵狗欣然同意。兩人走了一會兒，看見一隻貓，愁容滿面的蹲在路邊。

驢子又上前關心地問：「嗨，大鬍子先生，你這是怎麼啦？」

貓傷心的說：「唉，我老了，不想再整天在屋子裡竄來竄去抓

老鼠，只想舒舒服服躺在火爐邊睡大覺，這樣不行嗎？我的女主人居然就揚言要溺死我，雖然我僥倖逃了出來，可是從今以後我的生活該怎麼辦呢？」

「跟我們一起去布萊梅鎮吧，」驢子說：「大家都知道你是一個有名的夜間歌手，你可以做音樂家啊。」

貓高興的加入了。

不久，三個夥伴來到一座農場，看到一隻公雞站在大門上，正扯著嗓子拚命尖叫。

驢子說：「嗨，你在幹麼呀，叫得這麼恐怖！」

公雞說：「我想在我臨死前多叫幾聲。我聽到女主人已經吩咐廚娘要把我殺了，燉成雞湯招待客人。」

「跟我們一起走吧，我們要去布萊梅鎮，」驢子說：「何必在這裡等死，你有這麼好的嗓子，如果我們一起來個大合奏，一定很精采。」

公雞也高興的答應了。於是四個人一起快樂向前走。

晚上，他們走進一片樹林，順著燈光又來到一座房子前，發現裡面住著一夥強盜，正圍在桌前大吃大喝。

四個夥伴決定要合力趕走強盜。他們的辦法很特別，驢子的前腿搭在窗台上，獵狗跳到驢背上，貓再爬到獵狗的背上，最後公雞再站在貓的頭上，然後——一起大聲演奏！

屋裡的強盜忽然聽到一陣又是狗叫又是貓叫，還有驢子叫和公雞的尖叫，都嚇了一大跳，往窗外看去，看到一個身形奇怪的怪物站在外面，都以為是鬼來了，一個個都嚇得四處逃竄！

四個夥伴進到屋內，先大吃一頓，再紛紛找地方睡大覺。

半夜，強盜們又回來了，看到屋內的燈光熄了，一切都靜悄悄的，都覺得很奇怪。

強盜頭子說：「我們太膽小了，一定是我們弄錯了。」說著，就派一個部下回去察看。

這個強盜從廚房潛進屋內，正想點燈，看見黑暗裡有什麼東西在發光，他以為是正燒著的火炭，就拿著硫磺火柴想湊過去引燃，沒想到這是貓被吵醒之後睜開的眼睛，於是，當強盜一靠近，貓馬上生氣的撲上去對著強盜的臉又抓又咬。強盜嚇壞了，拔腿就朝後門逃走，剛逃到後門邊，獵狗就撲了上來，狠狠的咬住他的後腿。強盜忍著劇痛，勉強逃到院子裡，經過草堆時，驢子揚起後腿重重踢了他一腳。這時，公雞也被吵醒了，就站在梁上拍著翅膀大聲尖叫！

強盜拚命逃回森林報告：「我在屋子裡遇到了一個老妖婆，我的臉就是被她抓破的；後門有一個提刀的男人，猛砍我的腿；院子裡有一個黑魔頭，抓起木棍就給我一頓毒打；房梁上還坐著一個法官一直在大叫『快把這個強盜帶過來』，真是太可怕了！我再也不敢回那個房子了！」

其他的強盜聽了，也都不敢再回去。不過，那四個原本打算去布萊梅鎮的音樂家，卻覺得這個房子很不錯，從此他們就在那兒住下來，也不去布萊梅鎮了。

開心閱讀

這一課同樣是在告訴小朋友如何抓重點，以及作文的時候如何具備條理性。

想要描述一個事情（譬如去看牙醫、考試、戶外教學、採購年貨等等）、或是一個活動（譬如生日會、園遊會、運動會等等），都一定要先把主線抓出來，這樣在敘述的時候就不會東拉西扯、雜七雜八，好像說了很多可是又全都說不清楚。

很多故事，很多事情，都會有一條主線，幾個人物再陸陸續續的加入；〈布萊梅鎮的音樂家〉就是這樣的一個例子。

在第一段中，短短的一段文字，就已經點出了這個故事的重點：驢子老了，主人打算把他殺了，驢子不接受這樣的命運，於是出逃，並且想逃到布萊梅鎮去做一個音樂家。接下來，獵狗、貓和公雞陸續加入，他們也都是因為年老即將遭到厄運。等到四個人聚齊了，一起朝布萊梅鎮出發的時候，在森林裡發現了一個好地方……

其實，《西遊記》不也是這樣的架構嗎？作者吳承恩先寫孫悟空，再寫唐三藏，接下來是豬八戒、沙悟淨、小龍馬，等到師徒統統集合完畢，就開始往西天取經，然後就是對付一個又一個的妖怪……

只要有主線，不管是一篇幾百字的作文、一篇一兩千字的故事，或是幾十萬字、甚至上百萬字的長篇作品，讀起來都會讓人感覺到條理很清楚，不會雜亂無章。

那麼，該怎麼來為作品找到一條主線呢？這就必須具備懂得抓重點的能力。

房老師的趣味語文活動

詞語搭橋

房老師說：「任何一件事物，要想說清楚，我們一定要抓住它的重點。閱讀文章要這樣，寫作文也要這樣。今天我們來做一個『詞語搭橋』的遊戲。老師列出一些動詞，大家想想看，這些動詞有可能同時出現在哪件事裡頭？」

房老師在黑板上寫下：抓、張、歪、伸、眨、仰、吃

大家七嘴八舌地討論起來。

王芙玉問：「老師，你一會兒讓我們抓果子，一會兒讓我們站

在山上張望吧。」

歐陽浩也說：「我只看到別人歪著脖子站在那裡，可是怎麼能夠仰著頭吃東西呢？好像不是同一件事啊？」

有一個小朋友說：「我知道怎麼說了。我抓起一本書。媽媽張開了眼睛。哥哥歪著頭。小烏龜伸出了脖子。奶奶朝我眨眼睛。爸爸仰頭喝下一瓶酒。妹妹在吃冰棒。」

房老師問：「大家知道剛才這位小朋友說的可能是一件什麼事嗎？」

大家想了一會兒，都說不知道。剛才那個小朋友則是說：「我說了好幾件事。有的發生在閱讀課上，有的發生在生日宴會上，有的發生在早晨。」

房老師說：「我們一定要想明白、弄清楚發生了一件什麼事情，才能夠把事情說清楚。」

大家又討論一番。不久，很多小朋友都有了新的說法。

方仁傑說：「我和姐姐一起做追人遊戲，但我怎麼也抓不到姐姐。我累得坐在了地上，歪著頭，張開口，喘著粗氣。離我不遠的姐姐伸著舌頭，眨著眼睛，朝我做鬼臉。一邊還抓起豆子塞進嘴巴，一仰頭，就吃掉了。」

何瑰琦說：「坐在我旁邊的同學帶來了一些豆子。一下課，有好幾個同學跑來了，他們都想吃豆子。有的伸手過來想抓，我的同桌歪著頭說不給。有的張開口的，我的同桌就扔一粒到她嘴裡，只見她一仰頭就吃了，我同桌高興的眨眨眼，又給她好多粒。」

黃天宇說：「我喜歡逗小貓。有一次，我拿起一個線團丟在地上，小貓歪著頭，伸出爪子抓了抓，停下來，朝四周張望了一下。過一會兒，牠便跑出去，往樹上爬去。我抓起線團，朝小貓眨了眨眼睛，仰起頭，裝作要吃的樣子，可小貓根本不看我。」

房老師總結：「小朋友們說得太好了。一開始為什麼說不清楚？那是因為你沒有去想一件具體的事，也沒有確定一個重點，不知道到底要做什麼。現在我們看到，追人啊、想吃豆子啊、逗小貓啊，都有了具體的事情，這麼一來，再回憶那些抓呀張呀吃呀等等動作，就會有條理了。」

快樂習作

讓小朋友描寫一件具體的事，練習從頭到尾說清楚。「從頭到尾」其實也就是所有事情（所有活動）中一條最基本的主線。

做鬼臉

◎劉洋

今天上午，我們在房老師家玩做鬼臉。

王芙玉第一個跑了上去，她用手翻起了眼皮，沒有眼珠，露出那紅紅的東西，有些嚇人。方仁傑把下眼皮往下弄，扳大嘴巴，伸出舌頭，像個幽靈。小個子陳欣則慢慢的走上去，伸出舌頭，用雙手將下眼皮勾了下來，眼睛就翻出很多，像一個魔鬼。黃靖恒用手按著頭，兩個手指按住眼角，眼睛成了尖尖角的眼睛了，然後伸出一個尖尖的舌頭，一看，就是一張狐狸的眼睛。一年級的黃天宇扯著耳朵，頂著鼻子，笑了，一個豬八戒的樣子惹得大家也都哈哈大笑起來。

這個遊戲可好玩了。

捉迷藏

◎方鑫

星期六的晚上，我和哥哥姐姐在家裡玩捉迷藏。

哥哥要我們先藏起來，他來捉我們。我和姐姐跑到了樓上。我藏在門後面，姐姐藏在電視機櫃子後面。哥哥喊：「我能來了嗎？」我說：「可以啦，哥哥。」結果哥哥一下子上樓了。他一邊走一邊說：「我好像聽到方鑫的聲音了。」我笑了起來。結果哥哥找到我了。我跑到電視機櫃子旁，擔心哥哥會找到姐姐。我說：「姐姐不在這個房子裡。」哥哥好狡猾的，跑了過來，就找到姐姐了。

我們一直玩到要吃晚飯了，才停下來。

拍籃球

◎陳澤良

今天上體育課的時候，我和幾個男同學在操場上拍籃球。籃球是鄒奇的。我們四個人玩點將，洪有為點了鄒奇。張喜才就點了我。我們拍籃球。洪有為很厲害，一下子拍了十五下，鄒奇也拍了五下。張喜才拍了六下，就該我拍了。我用力一拍，球飛走了。我一下也沒有。我們就輸了。

我們就不玩籃球了。

管阿姨點評

這三篇作品都寫得不錯，小朋友的題目就已經定得很清楚，都是一件具體的事，而且還都能相當清楚的從頭說到尾。雖然還不太會處理文章的結尾，不過以低年級的小朋友來看，能夠寫到這樣已經很好了，關於處理結尾的問題，我們在《作文好好玩——讀寫結合》中級、高級本中還會繼續加強。

延伸活動

到生活中去觀察，可以紀錄一些關鍵字，它會幫助你記住事情的一些具體情節，在寫作的時候，就能夠寫清楚。

讀寫結合

延伸閱讀書單

1 《三字經》

2 《弟子規》

3 《格林童話》 格林兄弟

4 《伊索寓言》 伊索

5 《杜立德醫生》系列 休・約翰・羅夫汀

6 《魔女宅急便》角野榮子

7 《唐詩三百首》

8 中外歷史故事

9 《北極特快車》克里斯・凡・艾斯伯格

國家圖書館出版品預行編目資料

作文好好玩：讀寫結合〔基礎〕／管家琪、房科劍作；
吳嘉鴻繪圖. --初版 . --台北市：幼獅，2012.04
面； 公分. --（多寶槅.文藝抽屜；187）
ISBN 978-957-574-865-4（平裝）

1.漢語教學 2.作文 3.寫作法 4.小學教學

523.313 101002127

・多寶槅187・文藝抽屜

作文好好玩：讀寫結合〔基礎〕

作　　者＝管家琪、房科劍
繪　　圖＝吳嘉鴻
出 版 者＝幼獅文化事業股份有限公司
發 行 人＝李鍾桂
總 經 理＝廖翰聲
總 編 輯＝劉淑華
主　　編＝林泊瑜
編　　輯＝周雅娣
美術編輯＝李祥銘
總 公 司＝10045台北市重慶南路1段66-1號3樓
電　　話＝(02)2311-2832
傳　　真＝(02)2311-5368
郵政劃撥＝00033368

門市
・松江展示中心：10422台北市松江路219號
電話：(02)2502-5858轉734　傳真：(02)2503-6601
・苗栗育達店：36143苗栗縣造橋鄉談文村學府路168號（育達商業科技大學內）
電話：(037)652-191　傳真：(037)652-251

印　　刷＝崇寶彩藝印刷股份有限公司
定　　價＝240元
港　　幣＝80元
初　　版＝2012.04
書　　號＝988139

幼獅樂讀網
http://www.youth.com.tw
e-mail:customer@youth.com.tw

行政院新聞局核准登記證局版台業字第0143號

幼獅文化公司／讀者服務卡／

感謝您購買幼獅公司出版的好書！
為提升服務品質與出版更優質的圖書，敬請撥冗填寫後（免貼郵票）擲寄本公司，或傳真（傳真電話02-23115368），我們將參考您的意見、分享您的觀點，出版更多的好書。並不定期提供您相關書訊、活動、特惠專案等。謝謝！

基本資料

姓名：……………………先生／小姐

婚姻狀況：□已婚 □未婚　職業：□學生 □公教 □上班族 □家管 □其他

出生：民國……………年……………月……………日

電話：（公）……………（宅）……………（手機）……………

e-mail：……………………

聯絡地址：……………………

1.您所購買的書名：**作文好好玩：讀寫結合〔基礎〕**

2.您通常以何種方式購書?：□1.書店買書 □2.網路購書 □3.傳真訂購 □4.郵局劃撥
（可複選）□5.幼獅門市 □6.團體訂購 □7.其他

3.您是否曾買過幼獅其他出版品：□是，□1.圖書 □2.幼獅文藝 □3.幼獅少年
□否

4.您從何處得知本書訊息：□1.師長介紹 □2.朋友介紹 □3.幼獅少年雜誌
（可複選）□4.幼獅文藝雜誌 □5.報章雜誌書評介紹……………報
□6.DM傳單、海報 □7.書店 □8.廣播(　　　　　　)
□9.電子報、edm □10.其他……………

5.您喜歡本書的原因：□1.作者 □2.書名 □3.內容 □4.封面設計 □5.其他

6.您不喜歡本書的原因：□1.作者 □2.書名 □3.內容 □4.封面設計 □5.其他

7.您希望得知的出版訊息：□1.青少年讀物 □2.兒童讀物 □3.親子叢書
□4.教師充電系列 □5.其他

8.您覺得本書的價格：□1.偏高 □2.合理 □3.偏低

9.讀完本書後您覺得：□1.很有收穫 □2.有收穫 □3.收穫不多 □4.沒收穫

10.敬請推薦親友，共同加入我們的閱讀計畫，我們將適時寄送相關書訊，以豐富書香與心靈的空間：

(1)姓名……………e-mail……………電話……………
(2)姓名……………e-mail……………電話……………
(3)姓名……………e-mail……………電話……………

11.您對本書或本公司的建議：

廣　告　回　信
台北郵局登記證
台北廣字第942號

請直接投郵　免貼郵票

10045　台北市重慶南路一段66-1號3樓

幼獅文化事業股份有限公司 收

請沿虛線對折寄回

客服專線：02-23112832分機208　　傳真：02-23115368

e-mail：customer@youth.com.tw

幼獅樂讀網http：//www.youth.com.tw